U0650101

王封臣 / 著

评书中华好典故

成语故事 话说

中国铁道出版社有限公司
CHINA RAILWAY PUBLISHING HOUSE CO., LTD.

目　录

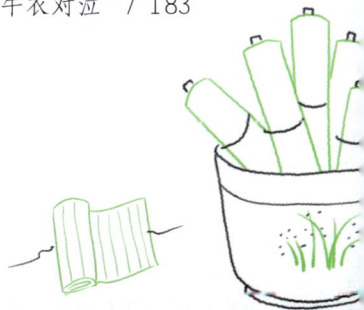

品德篇

奉公守法

战国时期，赵国有位收税的小官叫赵奢。他执法很严，没人敢于逃税。"奉公守法"讲的就是赵奢到平原君家收税的故事。

赵国的平原君是战国四公子之一，赵武灵王之子，赵惠文王之弟，他礼贤下士，门下食客数千人，是一位很有影响力的人物。平原君家里有专门负责交租交税的人，当赵奢去收税时，负责交税的人仗着平原君的势力，把嘴一撇，抗税不交。

赵奢嘴皮子磨破，人家也是爱答不理。最后，赵奢也火了，说道："我道理已说尽，既然你坚持不交税，那我只能按法律来处置你了！"按照当时的法律，抗税不交就是死罪，于是，赵奢立刻把平原君家里的九个管事按律处死了。

平原君闻听勃然大怒："你赵奢简直不把我放在眼里！"他立马派人把赵奢抓起来，并要杀了他为手下报仇。

可赵奢丝毫不畏惧，并且还义正词严地对平原君说："您在赵国贵为公子，但您今天居然纵容自己的家臣不奉公。不奉公则赵国的法度就会被削弱；法度被削弱，国家就会衰

弱；国家衰弱了，别的国家就会有机可乘，这样一来我们赵国就危险了。如果赵国不存在了，您还能保有现在的富足吗？以您现在尊贵的地位，如果能够带头奉公守法，那全国上下就太平了；全国上下太平，国家就强大了；国家强大，赵国就稳固了。这样您也更会受到大家的尊重。"

平原君一听，赵奢说得很有道理啊！而且人家按照国家法度办事儿，自己怎么能够成为一个不奉公守法的人呢？平原君不愧是位贤公子，不但没有怪罪赵奢，反倒认为赵奢是个贤能之人，应当重用，于是就向赵王推荐了赵奢。

赵王重用赵奢，让他管理国家赋税。结果没用多长时间，赵国的百姓富裕了，而且国家的府库也充实了。

出处 以君之贵，奉公守法则上下平，上下平则国强，国强则赵固，而君为贵戚，岂轻于天下邪？ ——《资治通鉴》，司马光

释义 办事守规矩，奉公行事，遵守法令。

例举 我们每个人都要做奉公守法的合格公民。

趋炎附势

北宋初期，有位书生叫李垂，此人在宋真宗咸平元年进士及第，从此步入仕途，后来升迁为著作郎、馆阁校理。

李垂耿直刚正，本人既有才干，又恪尽职守，工作兢兢业业，非常认真，成绩也非常卓著。但由于直率的性格与脾气，李垂始终不肯走动权贵，因此也一直没能得到晋升。

有好友相劝他去走一走当朝宰相丁渭的门子，因为丁渭在当时权倾朝野，文武百官只要是升降，皆由其意。

李垂一瞪眼，说道："丁渭作为宰相，不能够秉公来回报天下对他的厚望，却依仗他的权势，作威作福。让我去拜望他，门儿都没有！"

李垂不但不去拜望、巴结，反倒是经常直言抨击，那还不得罪丁渭呀？丁渭一恼，就设计将李垂贬出京城，降职外任。一直等到宋仁宗明道年间，李垂已然六十岁了，这才被朝廷重新召回京。

当时，有个叫李康伯的官员十分敬佩李垂，也劝他："您应该去拜望拜望新宰相，让宰相了解了解您。论您的才能、您的年限、您的声望，肯定会被重用的。"

我是不会趋炎附势看人脸色以求得推荐的？

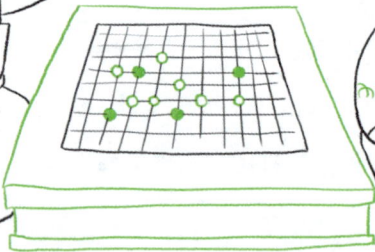

"嗨！"李垂一乐，"过去，我要肯拜见当年的宰相丁渭，现在，早已经是翰林学士了，何必等到这么大把年纪再想着溜须拍马呀？我是不会'趋炎附热'看人脸色以求得推荐引进的。"

　　"趋炎附势"便典出于此。细心的你也许发现了，上面故事中用的是"趋炎附热"，这个词后来慢慢演变成了"趋炎附势"。

出处　今已老大，见大臣不公，常欲面折之，焉能趋炎附热，看人眉睫，以冀推挽乎？——《宋史》，脱脱等

释义　人们用这个词来指斥那些巴结投靠有权者的行为，和"阿谀奉承"意思相近，经常连用。

例举　此人是个趋炎附势之徒，对上级阿谀奉承，极尽溜须拍马之能事，令人不齿。

食言而肥

春秋时期，鲁哀公有位宠臣叫郭重。有一次，郭重陪着鲁哀公访问了一趟越国。回国的时候，鲁国的两位大夫——季孙氏的季康子和孟孙氏的孟武伯在城外迎候鲁哀公。

郭重为鲁哀公驾着车，远远地看到了这两位大夫，郭重对鲁哀公说："这俩人背后可说了您很多坏话，您一定要当面质问他们。"

鲁哀公点点头，心想：不用你说，鲁国三桓多少辈子了，都在诋毁国君啊。这也是没办法的事儿。一看人家毕竟在这儿迎接自己呢，便决定盛排筵宴宴请诸位大夫。

郭重对孟武伯没有好感，孟武伯也很讨厌郭重，他决定好好损损郭重！

孟武伯在酒宴上敬酒，他走到郭重桌边，毫不留情面地问道："嘿嘿，你说你怎么长得这么肥呀？"

季康子在旁边一听这话，赶紧过来圆场："哎，我说姬彘，你这话说得可有问题了，哪能不顾别人的自尊而说这么不文明的话呢？一定要罚酒！"

姬彘是谁呀？其实就是孟武伯。孟武伯，姬姓，名彘，

世称"仲孙彘"。

季康子接着又说道："您看咱们国家接邻敌国。国君外访他国的时候，我得帮着国君在国内防范敌国，所以没能够追随国君，并且也免了长途跋涉之苦。可人家郭重在外边跟随国君辛辛苦苦、到处奔劳。现在姬彘你却嘲笑人家肥。难道不该罚酒吗？"

鲁哀公本来对孟武伯就非常厌恶，听到这话，鲁哀公冷笑一声说道："哼！他为什么肥？还不是因为自己经常食言所致。"表面上，鲁哀公好像在说郭重。其实，大家都明白，鲁哀公在指桑骂槐，其实是在说孟武伯，孟武伯才真正是那个经常说话不算数的人。

孟武伯顿时感觉十分难堪，这真是搬起石头砸了自己的脚，打从这件事开始，鲁哀公与孟武伯的关系便恶化了。

出处　武伯为祝，恶郭重，曰："何肥也！"……公曰："是食言多矣，能无肥乎？"——《左传》，左丘明
释义　形容说话不算数、不守信用，只图自己便宜。
例举　我们要做一个言而有信的人，不要做一个食言而肥的人。

口蜜腹剑

唐玄宗中后期，有位宰相叫李林甫。这人，你要说他没才能，也冤枉他了，但他有一个致命的缺点，那就是心胸狭窄、阴险狡诈。他要是觉得某人的才能和功绩在他之上，那就受不了。因为他担心皇帝把这个人提拔起来跟自己竞争，会对自己造成威胁，所以他一定会想方设法把这个人打压下去。

在和别人相处时，他总是表现出一副和蔼可亲的样子，但背地里却是另外一套。

当时有一位宰相叫李适之，李林甫对他恨之入骨，同为宰相，李林甫特别想把李适之打压下去，这样他就可以独揽大权，于是他想了一个坏主意。他假装神秘地对李适之说："你知道吗？华山可有金矿啊，如果开采出来，那就可以富国。目前这件事皇帝还不知道呢，你若把此事告诉他，他一定很高兴！"

李适之一听，这是好事儿，于是赶紧在上朝的时候把华山金矿的事儿奏知唐玄宗。

唐玄宗自然高兴，就向李林甫核实："华山有金矿的事

儿，爱卿你知道吗？"

"哦，"李林甫说，"这事儿臣早就知道了。但华山那可是陛下的龙脉，王气所在，这要一挖，不把龙脉给挖断了吗？所以臣没奏知陛下。"

"嗯，"唐玄宗听完说道，"还是爱卿考虑周全啊。"他转身斥责李适之："哼！你身为宰相，怎能如此虑事不周？你以后再奏事，须事先与李林甫商议，不要自行主张！"从此，唐玄宗就逐渐地疏远了李适之。

时间长了，大家都知道李林甫这个人表里不一，明着说好话，暗地下黑手。所以，大家都说他"口有蜜，腹有剑"，意思是说李林甫嘴巴像涂了蜜似的特别甜，但肚里却藏着杀人的利剑，特别狠毒！

出处 李林甫为相，凡才望功业出己右及为上所厚、势位将逼己者，必百计去之；尤忌文学之士，或阳与之善，啖以甘言而阴陷之。世谓李林甫"口有蜜，腹有剑。"——《资治通鉴》，司马光

释义 本意指某个人嘴上甜、心里狠。形容某个人是两面派，或者某个人阴险狡诈，嘴上一套，背地一套。

例举 那个人口蜜腹剑，不是好人，你可要离他远点。

尾生抱柱

春秋时，有个叫尾生的年轻人，他结识了一位年轻漂亮的姑娘，两人一见钟情，决定私订终身。但是姑娘的父母嫌弃尾生家境贫寒，坚决反对这门亲事。为了追求爱情和幸福，姑娘决定背着父母与尾生一起私奔。

那一天离别时，两人约定次日晚上在韩城外的一座木桥边会面，双双远走高飞。黄昏时分，尾生提前来到桥上等候。不料，天空突然乌云密布，狂风怒吼，雷鸣电闪，滂沱大雨倾盆而下。不久山洪暴发，滚滚江水裹挟泥沙席卷而来，淹没了桥面，没过了尾生的膝盖。

尽管如此，尾生想起了两人离别前在城外桥面的约定，"不见不散"，这几个字一次次浮现在他脑海中，他要坚守誓言，继续等下去……

四顾茫茫水世界，根本见不到姑娘的踪影，但他寸步不离，死死抱着桥柱。眼看河水暴涨，上游的水不断地往下淌，小河水位不断地往上升，危险慢慢临近，但他依然坚守誓言，紧抱桥柱……

雨越下越大，河水也越涨越高，慢慢地，水面便没过了

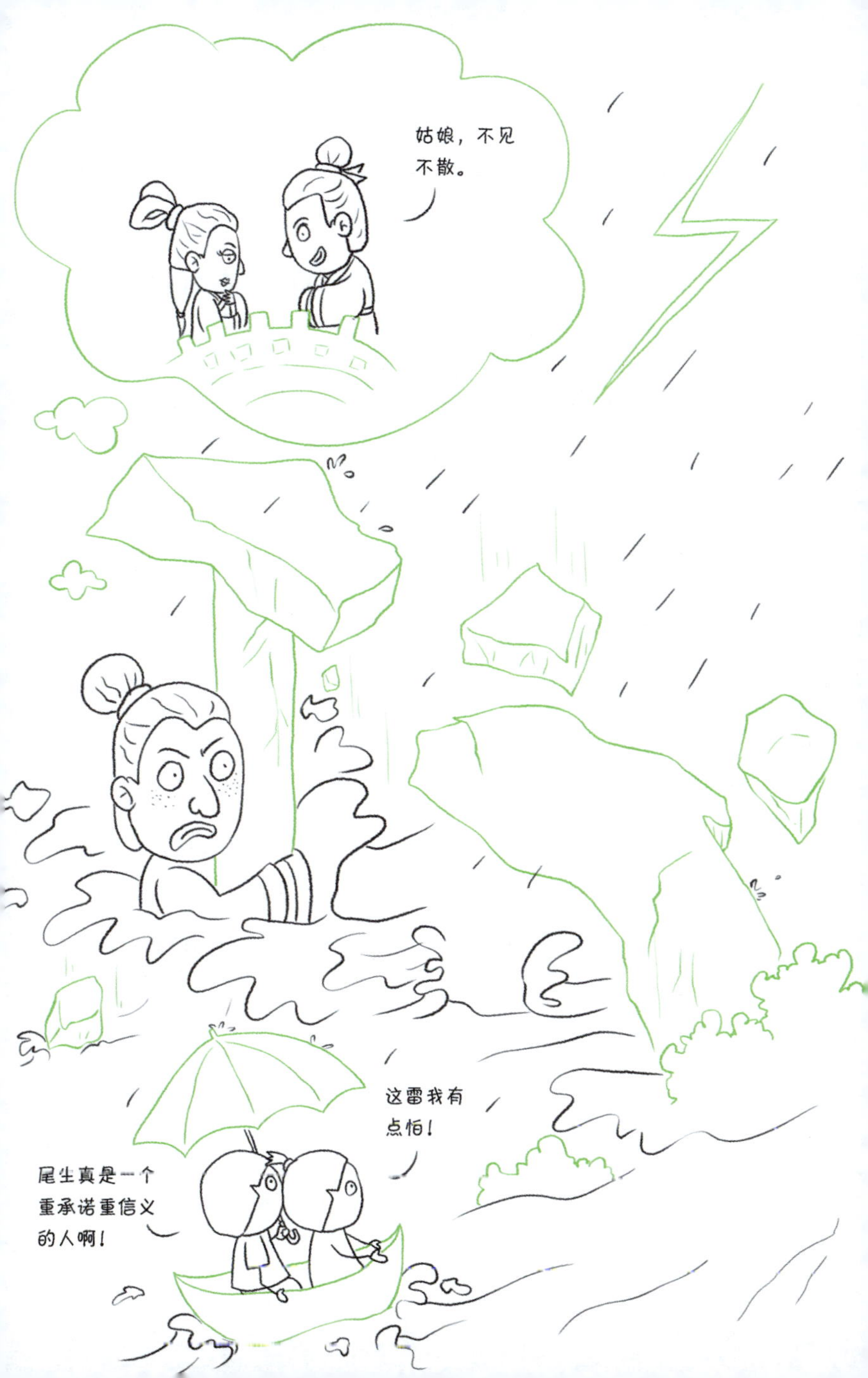
姑娘，不见
不散。
这雷我有
点怕！
尾生真是一个
重承诺重信义
的人啊！

尾生的脖子、嘴巴，直至将整个头部淹没，尾生最终被活活淹死了。

再说姑娘，因为私奔念头泄露，她被父母禁锢家中，不得脱身。后伺机连夜逃出家门，冒雨来到城外桥边，此时洪水已渐渐退去。姑娘看到紧抱桥柱而死的尾生，悲痛欲绝。她抱着尾生的尸体号啕大哭。阴阳相隔，生死一体，哭罢，便相拥纵身投入滚滚江中……

"尾生抱柱"的典故故事中，我们既为尾生的誓死守信而佩服不已，也为故事中惊心动魄的爱情悲剧而感动万分。

出处 尾生与女子期于梁下，女子不来，水至不去，抱梁柱而死。——《庄子》，庄子

释义 用"抱柱守信"形容某个人重承诺、重信义；用"抱柱信"，代指相爱男女的期约；用"尾声"代之守信之人。比喻坚守信约。

例举 这款戒指是限量发行的，名字叫"尾生之约"，灵感来源于"尾生抱柱"这一典故。

斗南一人

　　狄仁杰是唐朝有名的清官，他居官多年，断案无数，曾经在一年内判决积压案件一万七千余件，而且由于断案公道，事后无一人提出申诉。在武则天做皇帝的时候，他曾经两次拜相。狄仁杰一生无论走到哪里，都能做到为官一任、造福一方，除此之外，他品德也非常高尚。

　　由于才干卓著、品行高洁，他刚入仕途不久就被推荐为法曹参军。当时，只要是狄仁杰经手的案子，都能够得到及时公正处理，所以，他上任不久就得到了同僚和百姓的赞誉。

　　和狄仁杰一起执行公务的还有另外一位法曹参军，他叫郑崇质。郑崇质是一名孝子，他家中只剩下一位老母，年老多病。郑崇质利用闲暇时间悉心照料着母亲。有一次，朝廷派郑崇质去边疆执行公务。他接到任务后左右为难。如果奉命出使远方，自己一走半年，老母亲年老多病在家里无人照料，指不定会出什么事；如果不去，自己身为朝廷命官，怎能不服从工作安排呢？

　　这件事被狄仁杰知道后，他主动找到并州都督蔺仁基，

郑崇质家有老母需要照顾，我可代他远赴边疆。

狄仁杰这样的人真值得我们去学习！

表示愿意代郑崇质远赴边疆，而让他在家侍养老母。

蔺仁基当即答应，并深为感动。送走狄仁杰之后，他反思自己最近竟为一点小事而与司马李孝廉闹矛盾，与狄仁杰的高尚品行相比，真是惭愧！

蔺仁基认识到自己的错误，马上主动上门去向司马李孝廉道歉，两人重归于好。

蔺仁基感慨地说："像狄仁杰这样品德高尚的人，北斗以南，仅此一人啊！"

出处 同府参军郑崇质母老且疾，当使绝域。仁杰谓曰："君可贻亲万里忧乎？"诣长史蔺仁基请代行。仁基咨美其谊，时方与司马李孝廉不平，相敕曰："吾等可少愧矣！"则相待如初，每曰："狄公之贤，北斗以南，一人而已。"——《新唐书》，欧阳修、宋祁

释义 形容品德或才识独一无二。

例举 他向往成为这一方面的斗南一人。

不贪为宝

春秋时期，宋国有一位贤臣叫乐喜，字子罕，他为官清廉，百姓都很尊敬他。

有一次，宋国有个人得到了一块美玉，出于对乐喜的尊敬，专程到乐喜府来献美玉："乐大夫，您看看，这块美玉太好了，完美无瑕，又光又润。所谓君子配玉，小人向来敬仰您，今天特意来给您献玉。"说着，双手捧着美玉呈给了乐喜。

乐喜一看，果然是块美玉，光润无比，但他连连拒绝道："谢谢，谢谢！您的好意我心领了。但这块玉我不能收。"

献玉人一听，又说："乐大夫，您是不是不相信这是块美玉？我已经请制玉的行家看过了，这确实是一块稀世美玉，您放心拿着，这是小人对您的敬仰，没别的意思。"说着又呈过去了。

乐喜伸手又给挡了回来，淡淡一笑，说："你可能不了解我，我乐喜向来以'不贪'为我的宝贝，而你以这块美玉为你的宝贝。如果我现在接受了你的美玉，我就丢掉了我'不贪'的宝贝，而你也就失去了你的美玉宝贝。这样

所谓君子配玉，小人一直敬仰您，此玉送给您聊表心意。

"不贪"为我乐喜的宝贝，所以此玉我不能收，多谢了！

乐喜真是一位清官。

咱俩都把自己的宝贝给丢了，这又何必呢？倒不如你揣着你的宝贝，我揣着我的宝贝，这样再好不过啊！"

献玉人没办法，只好说道："说的也是。不过现在天色已晚，我要是离开您家，揣着这块美玉回去，路上万一遇到坏人，把它给抢走了，这多不好，您还是收下吧！"

乐喜说道："您说的也对。这样吧，我找一制玉高手将它精心雕琢一下，然后去卖钱，并将钱如数给你，你拿着这些钱也可以过更好的生活。"

就这样，献玉者高高兴兴地带着钱返回家乡，而乐喜仍然坦坦荡荡地做他的清官。

出处 宋人或得玉，献诸子罕。子罕弗受。献玉者曰："以示玉人，玉人以为宝也，故敢献之。"子罕曰："我以不贪为宝，尔以玉为宝，若以与我，皆丧宝也。不若人有其宝。"
——《左传》，左丘明

释义 形容一个人清正廉洁。

例举 身为公务员，一定要明白"不贪为宝"的古训。

千金一诺

季布是秦朝末年楚国人，他为人生性耿直，诚实守信，说到做到，大家都很尊敬他。

季布原先在项羽军中做事。那时正值楚汉相争，他多次帮助项羽打败刘邦。后来项羽兵败，刘邦建立汉朝并当上了皇帝，他下令在全国缉拿季布，宣布：凡是抓到季布的人，赏黄金千两。如果有人胆敢藏匿季布，就将他灭门三族！

按理说这么大的刑罚，应该没人敢藏季布了，但事实恰恰相反，保护季布的大有人在。为什么呢？就是因为季布平日为人正直、行侠仗义、诚信守诺，大家都很尊敬他，都想保护他。

后来，刘邦也明白了，当年季布帮着项羽也没错，那是各为其主。况且，季布这个人有才有德，于是不但赦免了季布，还给了他一个官职。

到了汉文帝的时候，季布做了河东郡守。

此时，楚地有一人叫曹丘，他能言善辩，很善于借助权势获得钱财。他曾经侍奉过很多贵人，和当时窦皇后的哥哥窦长君也有交情。季布对这样的人不屑，于是就寄了一

天下尽知"得黄金百斤，不如得季布一诺"，这其中也有我曹丘的功劳，您为何还要拒绝我？

那倒也是，那你来做我的门客吧！

曹丘这公关宣传的能力放在现在可是一把好手啊！

封信劝窦长君别跟这种人来往。

季布不喜欢曹丘，但曹丘却很敬佩季布。有一次他回乡，坚持请窦长君写介绍信介绍自己跟季布认识。季布见到曹丘后很不高兴，曹丘对此却满不在乎，他对季布深深地作了个揖说："楚地老百姓有句谚语'得黄金百斤，不如得季布一诺'，您怎么能够在梁、楚一带获得这样的声誉呢？您想想，我是楚地人，您也是楚地人。由于我到处宣扬您的美名，使您的名字天下尽知，难道我曹丘对您的作用还不重要吗？您为何要这样坚决地拒绝我呢？"

季布觉得曹丘的话不无道理，于是就把曹丘请进门来，留他住了几个月，待为上宾，还送给他很多丰厚的礼物。

从此，季布的名声流传更广了，当然，这其中必然有曹丘的一份功劳。

出处 曹丘至，即揖季布曰："楚人谚曰'得黄金百，不如得季布一诺'，足下何以得此声于梁楚间哉？且仆楚人，足下亦楚人也。仆游扬足下之名于天下，顾不重邪？何足下距仆之深也！"——《史记》，司马迁

释义 表示一句诺言有千金的价值。

例举 他是个讲信用的人，千金一诺，决不食言。

嗟来之食

春秋战国时期，有一年齐国闹大饥荒，很多穷人因缺粮少食而被活活饿死。当时有位心善的富人叫黔敖，他在路边设立粥棚，向灾民施粥。

这天来了一位灾民，瘦骨嶙峋，穿的也是破烂不堪。但跟别的灾民不一样的是，这个人全程都用破衣袖遮住了自己的脸。

黔敖一看，赶紧用左手揽了一些食物，用右手端了一碗粥，然后用下巴对这个人一点，喊了一句："哎，来吃吧！"

谁知黔敖这么一喊，那个用袖子掩住脸面的人顿时瞪大了眼睛，眉毛也立了起来，双眼盯着黔敖，当时"哼"了一声，然后愤愤地说："我就是因为不吃这种嗟来之食，才饿成现在这个样子的！如果为了生命而放弃自己的尊严，只要见人施粥，不管人家怎么对待我，我都低三下四地去吃，那我也不至于饿成今天这模样。对于我来说，尊严是第一位的。如果没了尊严，我宁愿不要生命！"说完，转身就走了。

其实黔敖一天招待这么多饥民，他刚才也是无心之举，

哎，来吃吧！

我就是因为不吃这种嗟来之食，才会饿成这个样子！

是啊，生命更重要。

这人真拧！

真没有侮辱他人的意思。眼下一看这人生气了，黔敖赶紧追上前去，向他连声道歉："是我的不对，是我的不对，我不应该这样！你赶紧来吃两口吧，再饿下去你会没命的。"但这位灾民特别倔，宁死不吃，最终真饿死了。

后来这件事传到了曾子耳中，他叹了口气说："不用这样吧！黔敖无礼呼唤之时，你当然可以为了尊严拒绝。但是，人家已经为失礼道歉了，你又何必拧呢？又何必为了过去尊严受损而放弃现在的生命呢？"

出处 黔敖左奉食，右执饮，曰："嗟！来食。"扬其目而视之，曰："予惟不食嗟来之食，以至于斯也！"从而谢焉，终不食而死。——《礼记》，戴圣

释义 "嗟来之食"表示侮辱性的施舍；"不食嗟来之食"的意思是为了表示做人的骨气，绝不低三下四地接受别人的施舍，哪怕是饿死。

例举 朱自清先生宁死不食嗟来之食，表现出一个中国人的伟大气节。

季札挂剑

　　春秋时期，吴国贤公子季札受命出使他国，他带着随行人员从吴都出发，一路北行，这天来到了徐国地界。

　　徐国国君久仰吴公子季札大名，列队相迎，并摆出国宴盛情款待。在交谈过程中，徐君看到了季札身上的宝剑，非常喜爱，但毕竟那是人家的东西，不好意思张口索要。

　　季札从徐君的举止神态上看出了他的心思，便说："看来徐君喜欢我这把宝剑。初次见面，我也没有带什么见面礼，不如就将此剑赠予徐君。"季札说完便去摘宝剑，但转念又一想，他此次要出使他国，作为使者得佩带宝剑，于是委婉地说道："现在我要是把宝剑给了徐君，出使他国，我就没有宝剑佩带了，有失礼仪啊！赠礼之事咱们回头再说。"季札想到这里，就在心中许下诺言：待我出使回来，一定把剑赠送给徐君。就这样季札辞别徐君，朝他国而去。

　　季札出使他国整整一年，最后终于圆满完成了任务，他带着随从返回吴国，再次途经徐国。季札想起了一年前自己许下的诺言，于是他决定亲自将剑赠予徐君，结果到了府上才得知。徐君已去世。季札非常难过，他拜访了现任

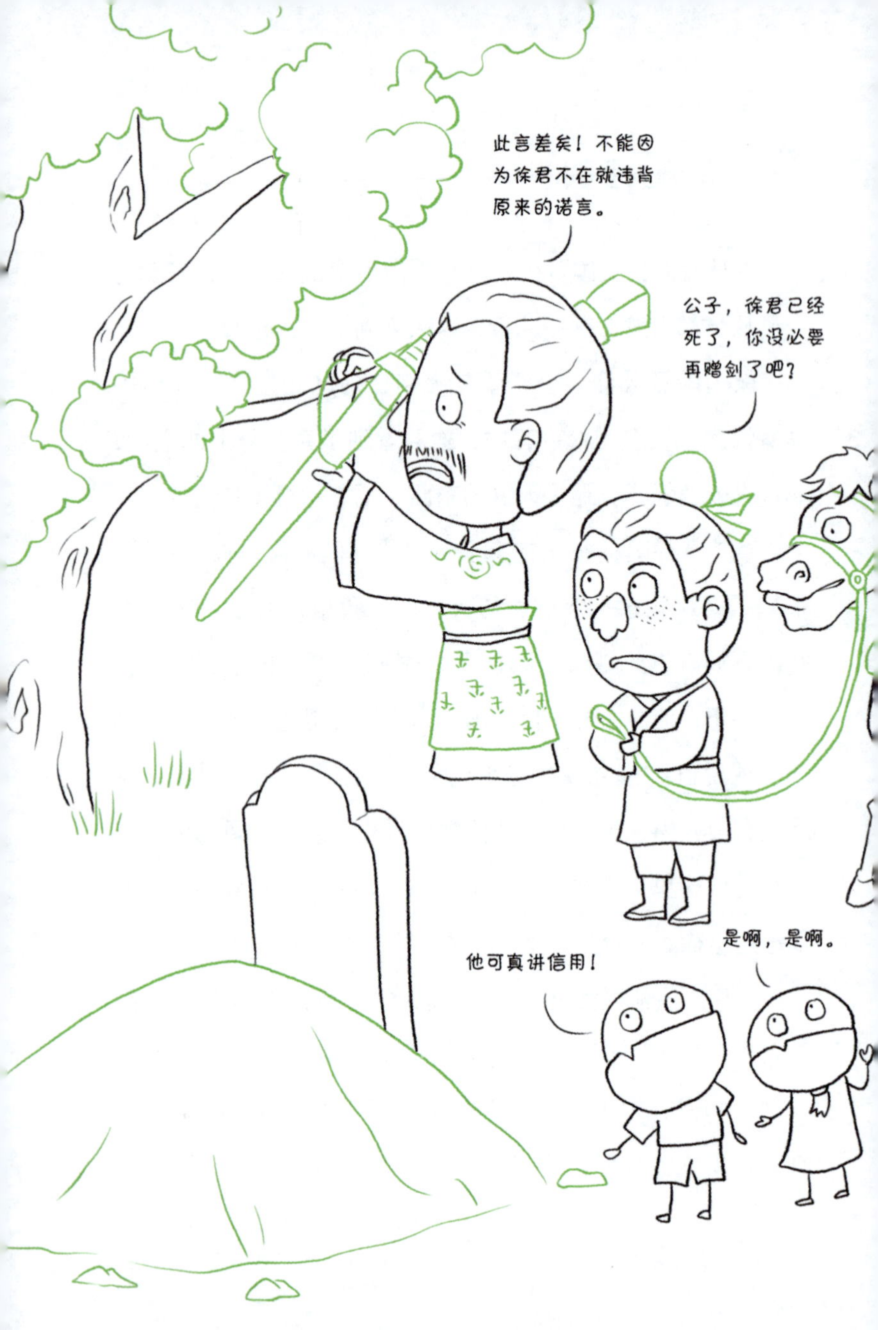
此言差矣！不能因为徐君不在就违背原来的诺言。
公子，徐君已经死了，你没必要再赠剑了吧？
他可真讲信用！
是啊，是啊。

徐君，也就是老国君的儿子，他要把宝剑赠给现任的徐君。可是现任的徐君说："先君临终前并没有嘱咐我要受剑，所以我不敢接受公子的赠送。"

于是，季札找到了徐君的坟墓，把自己的宝剑摘下来，挂在了徐君坟墓前的树上，以此来兑现自己的承诺。

他的随从说："我说公子，徐君都已经死了，您又何必再把宝剑赠送给他呢？"

季札一摆手："此言差矣！我上次未赠，是因为出使需要，但在心中，我已将宝剑默默地许给了徐君。怎么能因为徐君不在了，就违背自己原来的诺言呢？我守的是自己的心诺啊！"

出处 徐君已死，于是乃解其宝剑，系之徐君冢树而去。从者曰："徐君已死，尚谁予乎？"季子曰："不然。始吾心已许之，岂以死倍吾心哉！"——《史记》，司马迁

释义 人们常用季札挂剑表示对亡友的吊唁、追怀；或用来形容恪守信义。

例举 老李走了，他生前我答应送他一幅画，现在只能放在他的遗像前，也学"季札挂剑"，给自己一个交代吧。

31

平易近人

在建立周朝的过程中，功劳最大的莫过于周公姬旦。作为奖励，周武王封他做鲁国国君，但姬旦一直没有去封地，这是因为周武王临终托孤于他，让他辅佐年幼的侄子周成王。最后，姬旦便让儿子伯禽前往代为接受封地。

伯禽到达鲁国之后，过了整整三年才向父亲汇报自己在鲁国施政的情况。周公就问："你汇报工作为什么如此迟晚呢？隔了三年啊？"伯禽说："父亲，施政这件事情没那么容易的。到鲁国之后，我得改变鲁国百姓的风俗，革新他们的礼仪。比如礼仪方面，我告诉他们父母去世后得穿三年的丧服。光这个礼仪颁布下去让老百姓实行，就需要三年，三年后，才能够看到最终效果，因此就迟了点儿。"

听完后，周公想到了姜太公。姜太公姜子牙那也是兴周灭纣的大功臣，被封在了齐国，是齐国开国的国君。结果太公到齐国仅仅五个月就向周公汇报施政情况了。当时，周公还很惊讶，问："你刚到齐国五个月就来汇报工作，这未免太快了吧？"太公一听乐了："这没什么。我到齐国之后，简化君臣之间的礼仪，一切从齐国原有的风俗入手去

姜太公因势利导、平易
近人，因而在短时间内
就取得了巨大的成果！

做，所以会比较快。"周公前后一对比，不由得感叹道："鲁国的后代将要成为齐国之臣了！为政不简约易行，老百姓就不会亲近。只有政令平易近民，老百姓才愿意接受。"伯禽到了鲁国，又是改革法令，又是颁布新的礼仪，折腾三年。姜太公到了齐国，因势利导，政令简易。这样发展下去，未来鲁国哪能比得上齐国呀？

这个故事为后世留下一个典故，就是周公所说的"平易近民"。到了唐朝，为了避开唐太宗李世民中的"民"字，将"民"改成了"人"。从此，"平易近民"就演变成了"平易近人"。

出处 及后闻伯禽报政迟，乃叹曰："呜呼，鲁后世其北面事齐矣！夫政不简不易，民不有近；平易近民，民必归之。"——《史记》，司马迁

释义 比喻一个人的态度温和，对人和蔼可亲，没有架子，让人容易接近。

例举 张县长平易近人，群众都很爱戴他。

温席扇枕

在汉代，有个小孩叫黄香，字文强，乃是江夏安陆人。九岁时，黄香的母亲就去世了，家里没有兄弟姐妹，只有他和父亲相依为命。他的父亲叫作黄况，虽然被举为了孝廉，但是家境贫寒，没有奴仆，平常只能靠自己的小儿子黄香来服侍他。

黄香特别孝顺，尽心尽力服侍父亲，把父亲照顾得无微不至。即便在艰苦环境下，黄香依然保障父亲吃好、睡好，让父亲感觉生活得十分舒适。

到了炎热的夏天，那时候没电扇、空调，太热了，父亲睡不安，怎么办？黄香就在父亲没上床之前，拿着扇子先把父亲的床席子、枕头扇一扇，扇凉了，再让父亲过来安睡。

到了寒冷的冬天，天寒地冻，那时也没暖气、电热毯，父亲睡凉炕，怎么能行？黄香有主意，他在父亲未上床之前，自己先上床，以身温席，靠着体温把席子暖热了，这才让父亲前来安睡。

黄香的孝举得到了大家的广泛赞颂。另外，年幼的黄香不但亲自操持家务、孝敬父亲，而且努力学习、刻苦读书，

这么热的天，我得替父亲把床扇凉。

这大冷天，我得替父亲把床暖热。

年纪轻轻就写得一手好文章。所以，大家编了个顺口溜"天下无双，江夏黄香！"以此来称赞他。

黄香长大后做了大官，历任郎中、尚书郎、尚书左丞，后又升任尚书令。他勤于国事，一心为公，熟习边防事务，调度军政有方，受到汉和帝的恩宠。

黄香"温席扇枕"的故事千百年来被大家竞相传诵，也被后世收录到了《二十四孝》当中，作为典范来教育世人要孝敬父母。

出处 况举孝廉，贫无奴仆，香躬亲勤苦，尽心供养，冬无被裤，而亲极滋味。暑即扇床枕，寒即以身温席。——《东观汉记》，班固等

释义 指侍奉父母无微不至。

例举 扇枕温席、卧冰求鲤等孝德故事在中华文明史上流传数千年，已深深熔铸在我们的文化血脉之中。

🦋 贪天之功

春秋时，晋国发生内乱，公子重耳为了避祸，带着一些贴身的臣子逃出晋国，在外流亡。这期间，重耳受尽了人情冷暖、世态炎凉，尝尽了酸甜苦辣、悲欢离合。最困难的一次，君臣在野外绝粮，几天没东西吃。眼瞅着重耳都快饿死了，臣子中有个人叫介子推，背着重耳，用刀子从自己大腿上割下一大块肉，煮成了肉汤端给重耳吃了，从而救了他的命。后来，重耳得知内情，大为感动，许诺如果自己能够再回到晋国，定当重赏介子推。

重耳历尽千辛万苦，在外流亡了十九年后，终于返回晋国做了国君，即历史上有名的晋文公。晋文公马上大赏跟随自己逃亡的这些臣子。结果谁都赏了，唯独把介子推给忘了。

介子推看到这些官员理所当然地接受赏赐便辞官回家了，回到家中，他对母亲说："晋献公一共有九个儿子，现在在世的只有公子重耳了。他不做晋国国君，还有谁有资格做呢？这是上天要立他为君啊！可是，那些臣子们却认为是自己的力量使公子成为国君的，这不是欺骗世人吗？偷窃别人的财物，尚且叫作'盗'，何况贪没上天的功劳以

到晋侯面前居功求赏等于贪天之功以为己有,这很可耻!

孩儿啊，你为什么不去求赏呢？

为救重耳，介子推曾割下自己大腿上的一块肉给他吃，他真忠心。

为自己的力量呢？这些人把贪功视为合乎情理，上面的人又对欺骗加以赏赐，上下相欺，我这样正直的人，怎么再和他们相处啊？"

介子推的母亲听了，很为儿子鸣不平："孩儿啊，你为什么不去求赏呢？"

介子推苦笑一声："娘啊。我说了，我们做臣子的，不能贪天之功。如果我明知邀功是错误的而又像他们那样去做，我的罪就更大了。"

于是，母子二人悄悄离开了家门，找了一个无人知道的地方隐居起来，直至死去。

后来，晋文公想起了介子推，马上派人四处寻找，但怎么也找不到。他只好把绵山的田地封给介子推，希望这样做能弥补自己的过失。

出处 窃人之财，犹谓之盗，况贪天之功以为己力乎？——《左传》，左丘明

释义 意思是把天所成就的功绩说成是自己的力量；现指抹杀群众或领导的力量，把功劳归于自己。

例举 这项成果是大家共同努力取得的，他贪天之功，大伙不会答应。

羊续悬鱼

东汉末年，有位廉洁的官员叫羊续羊兴祖，他有段时间担任南阳太守。南阳郡在当时是大郡，当地有很多权贵之家，生活极度豪华奢侈，羊续对此非常反感。不同于这些贵族，羊续以身作则，仍然过着简朴的生活，他天天穿着破旧的衣服，吃着粗劣的食物，使用破旧的马车和瘦弱的马匹。

羊续虽然生活简朴，但也有爱好，那就是爱吃鱼。

羊续有个下属叫焦俭。这年阳春三月，不知是出于礼貌，还是想拉近自己跟领导的关系，焦俭向羊续进献了一尾鲤鱼。

羊续左右为难。如果不收，就扫了焦俭的面子；如果收下，又怕其他官员效仿。他仔细想了想，最后还是把鱼收下了，不过他并没有吃，而是把这尾鲤鱼悬挂在门庭之上。时间一长，这条鱼就成了干鱼。

又一年阳春三月，焦俭想：去年这个时候，我给太守送了一尾鱼，既然他收下了，那今年想必也不会拒绝。于是，焦俭又送去了一尾鱼给羊续。

这次羊续没有收，而是带着焦俭来到门庭前，指着那尾挂在门庭的干鱼说道："看见没？这尾鱼就是去年你送给我的，我并没吃，今天你就将它一并带回去吧！"焦俭一听，明白了羊续的用意，惭愧地走了。

南阳境内其他官员得知此事后，都感到十分震惊，从此再也没人敢送礼了。

从那以后，清正廉明的羊续就得了一个外号，大家尊称他为"悬鱼太守"！

出处 羊续为南阳太守，好啖生鱼。府丞焦俭以三月望饷鲤鱼一尾，续不违意，受而悬之于庭，少有皮骨。明年三月，俭复馈一鱼。续出昔枯鱼以示俭，以杜其意，遂终身不复食。——《后汉书》，谢承

释义 作为为官清廉、拒收贿赂之典。

例举 我们要学习羊续悬鱼，让那些想要行贿的人知难而退，不要自取其辱。

程门立雪

北宋有位著名的学者叫程颐程正叔，乃是洛阳伊川人，世称伊川先生，他是北宋著名的理学家和教育家。他的哥哥叫程颢，两人同学于理学大师周敦颐，共创"洛学"，为理学奠定了基础，世称"二程"。在当时，兄弟二人绝对是名震天下的人物，因此登门求教者络绎不绝。

冬日某一天，来了两个求学者，一个姓游叫游酢，一个姓杨叫杨时，两人前来拜见程颐。进屋一看，程颐正在那里闭目养神。两人一心求学，便恭恭敬敬地站在旁边等老师。

过了一段时间，外面下起了鹅毛大雪，天色也越来越暗。两人求学心切，尽管已经等了很长时间，身体也有些僵硬了，但他们依然不言不动，始终耐心地等待着……

程颐闭目养神完，他睁开双眼，发现游酢、杨时二人仍在屋里毕恭毕敬地站着，顿时感到很吃惊。他连忙问二人："你们二人什么时候来到这里的？在此站了多久？"二人回答道："老师，我们来了没多长时间，见您在闭目养神，担心打扰到您，所以在此等候。久仰老师大名，我们今天来这儿就想拜您为师，希望能多学些知识。"

程颐看到二人这么有礼貌，而且求学心切，内心感到很开心。

窗外天色已晚，程颐起身推开门一看才知道外面下起了大雪，而且已经下了很长时间，因为雪已经积了一尺多深了。再想想游酢、杨时两位学生，在他长时间休息之时，竟然一动不动地站在屋里等了那么长时间，顿时被二人的诚心所感动。随后，便收下了这两个徒弟，而且还把自己的学问精髓全都教给了他们。后来二人学有所成，最终成了国家的有用之才。

从那以后，"程门立雪"的故事就成为尊师重道的千古美谈。

出处 游、杨初见伊川，伊川瞑目而坐，二人侍立，既觉，顾谓曰："贤辈尚在此乎？日既晚，且休矣。"及出门，门外之雪深一尺。——《二程语录》，侯仲良

释义 过去用它来指学生恭敬受教；现在指尊敬师长，比喻求学心切和对有学问长者的尊敬。

例举 我们在求学过程中，应该有程门立雪的精神，虚心向他人求教。

神话篇

老桑烹龟

传说三国时期，东吴永康县有个人在深山里头碰到一只巨大的乌龟，他想这只龟肯定非同一般，于是便拿绳子将大龟捆起来准备扛回家。

这只龟一看自己被人绑了，就叹了口气："唉！都怪我没算准出游时间，结果被你给抓了。"这龟竟然会说话！捕龟人断定此乃神龟，于是便改变主意，决定把这只老龟进献给吴王孙权。船行驶到一个叫越里的地方时，捕龟人把船拴到了岸边的一棵大桑树上，准备在这里过夜。半夜时分，这人恍惚中听见这棵桑树跟乌龟聊起天来了。

桑树就喊这乌龟："哎，元绪，以你的道行怎么会被活捉呢？"这只乌龟的名字原来叫元绪。

乌龟回话了："我今天挺倒霉的，没算好出行时间，结果被人给绑了。他们肯定会将我烹杀。不过你也知道，即便是烧完这南山所有的树木，也休想煮烂我。"

"嘿！"桑树一听反驳道，"你别吹了，你以为世上就没有人知道这个秘密吗？你别忘了，吴主手下有一位高士叫诸葛恪，他博学多识，一定会想出治你的办法的。比如他

要是找到像我这样的树，用我来烧你，那你就完蛋了。"

乌龟一听，忙阻止道："慎言！慎言！子明啊，不要多讲了。如果让人听到这个秘密，你也会遭殃的……"

后来，这人把龟献给了孙权。孙权把它扔进大锅里煮，果然，烧了很多车柴火，也没能煮熟这只乌龟。孙权正发愁呢，大臣诸葛恪献策："主公，您得用老桑树当柴火烧它才行！"

孙权马上吩咐砍老桑树煮乌龟，果然把这只乌龟给煮熟了。这就是"老桑烹龟"的典故故事。据说后来吴地当地人煮乌龟还多用桑树枝，据说这样能把龟肉炖得很烂。

出处 既至建业，权将煮之，烧柴万车，龟犹如故。诸葛恪曰："燃以老桑乃熟。"——《异苑》，刘敬叔

释义 借指祸及自身。

例举 你可千万别乱管闲事，免得到时老桑烹龟，把自己害了！

巨灵擘山

传说在很久之前，华山和对面的首阳山原本是一座山，当黄河之水流经此处只能绕道而行。

这下可惹怒了河神巨灵，也就是《西游记》最开始与孙悟空作战的巨灵神。

原来，这巨灵源于汉代时的黄河信仰，当时，他被人们当作开辟河道的神祇。汉代《西京赋》上说："巨灵赑屃，高掌远跖，以流河曲，厥迹犹存。"《遁甲开山图》上也说："有巨灵胡者，遍得坤元之道，能造山川，出江河。"两者都指出巨灵神会开山造河。巨灵神不仅长得顶天立地，而且力大无穷。

巨灵神看到黄河之水被大山所阻挡，便伸出巨大的手掌，分开了山的上部，然后又用足蹬离了山的下部，就这样，一座山被分开了，黄河之水从中间顺畅地流了过去⋯⋯巨灵神用自己惊人的力量将大山一分为二，被分开后的一座山就是今天的华山，另一座山就是首阳山。

据说，直到现在，在华山上还能找到巨灵神开山时留下的手掌印呢，不仅如此，在首阳山山脚下，巨灵神开辟大

原来这就是搞
"水利建设"
的神仙啊。

这两座山一
座叫华山，一
座叫首阳山。

山时留下的脚印也还在。

精卫填海

《山海经》上记载，上古时期，有座山叫发鸠山，山上有一种奇特的鸟，猛地一看，这种鸟就跟乌鸦差不多，但乌鸦是黑色的，而这种鸟却长着花脑袋，嘴巴是白的，爪子是红的。这种鸟有个名字，叫作精卫。为什么叫精卫呢？因为这种鸟会发出"精卫——精卫——精卫——"的叫声，以声命名，所以就叫它精卫鸟。

但据说，这精卫鸟原来不是鸟，而是人。她乃是炎帝的小女儿，名字叫作女娃。

炎帝，那是中国上古时期姜姓部落的首领尊称，号神农氏。他并不是指一个人，当时这个姜姓部落的历代首领都叫炎帝。当然，一般单说炎帝的时候，往往特指那位尝百草的神农氏。那女娃的父亲是哪位炎帝呢？这个就不得而知了，总之，她是某一位炎帝的女儿。

有一次，女娃跑到东部海边游玩，结果溺水身亡，淹死在东海里了。据说，女娃死后就化成了精卫鸟。从那以后，精卫鸟经常衔着西山的树枝和石子儿往海里丢，这是为什么呢？原来她想把东海填平，以阻止大海再次吞没人的生命。

精卫就是溺水身亡的，一定要注意生命安全！

禁止野泳

后来，《述异记》这本书里又有记述，说精卫鸟与海燕交配而生子，生出的雌鸟和精卫鸟一样，生出的雄鸟就和海燕一样。另外由于精卫鸟发誓不在女娃淹死的地方喝水，所以，精卫鸟别名又叫"志鸟"。由于她是炎帝的女儿，所以老百姓都叫她"帝女雀"。

这就是"精卫填海"的典故故事，它多用于指人不达目的誓不罢休的坚强意志。

出处　炎帝之少女名曰女娃。女娃游于东海，溺而不返，故为精卫，常衔西山之木石，以堙于东海。——《山海经》，作者不详

释义　比喻仇恨极深、立志报仇。或比喻意志坚决、不畏艰难。

例举　在学习上，只要有精卫填海的精神，不论多大的困难，我们都能克服！

愚公移山

　　据说，原来太行山和王屋山这两座山，周围七百里，高七八千丈，本来它们在冀州南边、黄河北岸。在那里有一位老人，年近九十，向山居住，人称愚公。愚公觉得这山太挡道了，于是就召集全家人商量："我决定动用咱们全家之力凿山开道，让它一直通到豫州南部，到达汉水南岸。这么一来，咱们祖祖辈辈就都能走出去了，你们看可以吗？"愚公的家人纷纷表示赞同，唯独愚公的老婆提出了异议："得了吧！你多大年纪了？快九十了！就凭你的力气，连旁边魁父这座小山你都搬不走、都削不平，你能把太行、王屋这两座大山怎么样啊？况且你挖山的话，挖出那么多土那么多石头，放哪去啊？""嗨！这个好办。"众人说，"我们可以把挖出来的土、挖下来的石头扔到渤海边上。""对！"愚公说，"就这么干！"

　　于是，愚公率领儿孙当中能挑担子的三个人上山了，凿石头、挖土块，挖下来的石头、土块用簸箕就往渤海边上运。就为了倒土块石块，一来一回，大半年过去了！

　　"嗨呦！"在旁边河湾上有一聪明老头，人称智叟，赶

移动一座山，这是不可能的，还是省省力气吧！

这山不会增高，我的子孙却无穷无尽！总有一天大山会被我们移走。

只要有"愚公移山"的精神，没有什么事是做不成的。

紧把愚公给拦住了，"你太不聪明了！凭借你这残余的岁月，剩下的力气，连山上的一棵草你都动不了，又怎能动得了这山呢？你干也是白干！"

愚公听完，长叹一声说："你呀，思想太顽固了！我年岁是大了，即便是我死了，但你别忘了我还有儿子呢，我儿子又能生孙子，孙子又能生儿子，子子孙孙无穷尽也！但是这山却不会增高，还怕挖不平吗？"这句话说得智叟哑口无言。

结果这件事儿被天帝知道了。天帝被愚公的决心所感动，于是命令大力神把这两座山给搬走了。从此，冀州南部直到汉水南岸再也没有高山阻隔了。

出处 虽我之死，有子存焉。子又生孙，孙又生子；子又有孙，子又有孙；子子孙孙，无穷匮也；而山不加增，何苦而不平？——《列子》，列子

释义 形容做事有毅力、有恒心、不怕困难的精神。

例举 只要有愚公移山的精神，我们终会让沙漠变成绿洲。

青鸟使者

西王母是中国神话中的一位神仙，据《山海经·海内北经》记载，西王母倚着几案，头上戴着饰物。在她的南边有三只青鸟，这三只青鸟是专门为西王母取食传信的神鸟。

这青鸟长什么模样呢？《山海经》里没有记载。晋时郭璞给《山海经》做过注解，说这青鸟有"三足"，就是说它有三条腿。

到了汉朝，《汉武故事》里又有一个记载。说某年的七月七日，汉武帝正在承华殿斋戒。突然间，有一只青鸟从西方来到殿前。汉武帝很奇怪，这有什么预示吗？

像这种奇异之事，问别人呢，别人也不明白。这事儿得问一个人，这个人就是那位无所不知的东方朔！于是，汉武帝就问东方朔："这里怎么飞来一只青鸟啊？怎么回事啊？"

东方朔说："青鸟是专门侍候西王母的神鸟。既然现在青鸟来了，那就说明西王母马上就要到了。"

果然，没过多久，西王母就来了，两只青鸟侍候在其左右。转眼间，车子就停在了汉武帝面前。汉武帝被眼前

这里怎么飞来一只青鸟啊？

青鸟是专门侍候西王母的神鸟，它突然出现说明西王母很快便会出现。

这一切惊呆了，一时不知如何是好。而王母只是淡淡一笑，命仙女拿出一个蟠桃，交给了汉武帝，并祝他长生不老，然后便乘车离去。

从此，人们就以青鸟作为信使的代称，所以又称之为青鸟使者。

出处 西王母梯几而戴胜杖，其南有三青鸟，为西王母取食。——《山海经》，作者不详

释义 代指传递书信的使者。

例举 她喜欢做青鸟使者这样的工作。

王母仙桃

这个神话故事和"青鸟使者"有些关联。传说汉武帝刘彻当了皇帝之后,有一段时间特别迷恋道术,他经常祈祷神灵,以求自己能够得道成仙。

一天,汉武帝正在承华殿中闲坐,突然面前出现了一位貌美的青衣女子,对他说道:"我是天上王宫的玉女,奉西王母之命,从昆仑山特地前来告诉你:西王母被你诚心求道的举动感动了,从今日开始,你要静心斋戒,等到七月七日,西王母自会降凡见你。"汉武帝一听大喜,赶紧下拜行礼。抬头再看,玉女已经不见了!

为了迎接西王母,汉武帝把政务交给了大臣,然后自己就在延灵台内诚心斋戒。

到了七月七日晚上二更天,西王母果然在群仙的陪伴下乘坐着九色龙拉的车子来到汉武帝面前。

汉武帝请西王母就座,然后大礼参拜,并给西王母献上了很多人间果品。没想到西王母命仙女们把这些果品全撤了下去,又用玉盘端出了七枚仙桃。仙桃不算太大,就像鸭蛋似的,圆圆的,淡青色。

你为何将桃核
装袖子里啊？
这仙桃太好吃了，
我打算把它种在御
花园里，这样以后
也能吃到。
那仙桃看上去
好好吃啊！
这仙桃在人间的土
地上是长不出来的。

西王母拿了四颗送给了汉武帝吃，自己留下三颗。汉武帝咬了一口桃子，味道甘美呀，从来没吃过这么香甜的桃子，一股脑全吃了。然后，他把桃核塞进了袖子里。

西王母觉得奇怪，便问："你为什么把桃核放到袖子里呢？"汉武帝有点不好意思，说道："我是觉得这仙桃太好吃了，就打算把它种在御花园里，以后也能吃到。""哈哈，"西王母笑了，"你可知道，这种仙桃三千年才接一次果呀！你们人世间的土地太贫瘠了，没有养分，种下去它也不会生长。"

"王母仙桃"的故事便出于此。

出处 帝食辄收其核，王母问帝，帝曰："欲种之。"母曰："此桃三千年一生实，中夏地薄，种之不生。"帝乃止。——《汉武帝内传》，作者不详

释义 神话中王母娘娘的仙果。常用来形容帝王与仙家之事。

例举 这片果园是他的心血所系，他简直认为秋天能结出王母仙桃来。

吴刚斫桂

在古代中国，一直流传着这么一个传说，在月亮上生长着一棵月桂树，另外，还趴着一只三脚金蟾蜍，正因如此，月亮又被称为"蟾宫"。

"蟾宫"中的这棵月桂树可不是一棵普通的树，它长得很高，高有五百丈，而且它还能够自己愈合斧伤，也就是说它是一棵不死之树。不知从哪一日开始，月桂树下出现了一个人，他天天抡起斧头砍月桂树——"咔嚓""咔嚓"……每一斧头下去，月桂树上都会留一斧头印儿，但当斧头再次举起来的时候，刚才砍后留下的那道印儿就消失不见了，月桂树依旧完好如初。即便如此，砍树的人依然不放弃，继续一斧头一斧头地砍……

砍树的人是谁啊？他为什么一定要将这棵树砍倒呢？

这人姓吴名刚，乃西河人士。因为他学习仙术触犯了天条，可能是学了不该学的法术吧，天帝得知此事后大怒，就惩罚他，让他在"蟾宫"砍这棵桂树。天帝说："你什么时候把这棵桂树砍倒了，你的处罚就什么时候结束。"

天帝说得好听，但任凭吴刚怎么砍，也砍不倒这棵桂树。

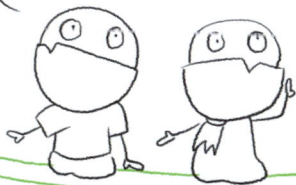

因为只要一抬斧子，之前砍的口子马上就复合了。由此可见，天帝给吴刚判的是"无期徒刑"啊！

这个神话典故就叫作"吴刚斫桂"，又叫"吴刚伐桂"。

出处 天咫旧言月中有桂，有蟾蜍。故异书言月桂高五百丈，下有一人常斫之，树创随合。人姓吴名刚，西河人，学仙有过，谪令伐树。——《酉阳杂俎》，段成式

释义 人们经常用这个典故来吟咏月亮或是桂树。

例举 "吴刚斫桂"是一个关于月亮的神话传说。

夸父逐日

在《山海经》中记载：上古时期，在大荒之中有座山叫成都载天。在这里有个人戴着两条黄蛇做成的耳环，手里还握着两条黄蛇，这个人叫夸父。

有一天，夸父决定跟太阳赛跑，他要追赶上太阳。那能赶得上吗？跑到最后，夸父感觉自己口干舌燥，嗓子都冒烟儿了，到哪儿喝点水呢？一瞅，旁边有两条大河，一条是黄河，另一条是渭水。于是，他趴到黄河和渭水岸边，一张嘴"咕咚咕咚——"把黄河和渭水里的水全都喝干了。不够！还渴！那怎么办？夸父继续往北边的一片大泽走去，不幸的是，他还没走到那里，就被渴死了。

夸父追赶太阳的时候，手里还拄着一根手杖。他渴死倒地后，这根手杖就化成了很大一片桃林。

这就是中国上古神话中有名的"夸父逐日"的故事，这个神话故事想说明什么呢？

现代著名社会科学家、文学史家杨公骥先生有过这样一种诠释："只有重视时间、和太阳竞走的人才能走得快；越是走得快的人，才越感到腹中空虚，这样才能需要并接收

就快追到了，再
坚持一下……

这条河里的水竟
然被夸父喝光了，
他多渴啊！

这简直就是在和
时间赛跑，我真
佩服他！

更多的水（不妨将水当作知识的象征）；也只有获得更多的水，才能和时间竞走，才能不致落后于时间。"

当然，更多人则认为，夸父其实在历史上并不是一个人，而是一个氏族部落，夸父是部落名称，也是部落首领的称谓。当时，天下大旱，十日并出，夸父族为了寻找水源，不断地迁徙，最后整个部落消失在了迁徙途中。

出处 夸父与日逐走，入日。渴欲得饮，饮于河、渭；河、渭不足，北饮大泽。未至，道渴而死。弃其杖，化为邓林。——《山海经》，作者不详

释义 指抱负虽大，功业难就。也指雄心壮志之人或者不自量力之人。

例举 心多过虑，何异杞人忧天；事不量力，不殊夸父逐日。

女娲补天

"女娲补天"是一个著名的上古神话传说，西汉著作《淮南子》一书对其这样记载：

远古时期，支撑天的四根柱子突然倾倒，九州大地裂毁，天不能够完全覆盖大地，地也不能够完全容载万物，宇宙阴阳失去平衡，整个人间不是着火就是发大水，着火的地方，火势蔓延不息；发大水的地方，洪水滔天不退。到处都是猛兽狂龙，它们吞噬着人间的百姓，还有那些凶禽恶鸟，它们抓走了人间的老弱病残。此时的人间真就如同地狱一般，混乱不堪！

就在人类最危险的时候，女娲出现了。她一看，太痛心了，因为所有这些人都是她一手创造出来的，他们就是她的"孩子"。现在，这些儿女们饱受自然灾害之苦，作为母亲，能不心疼吗？女娲想：既然天塌了，那我就试着补补吧！于是，女娲就炼五色石来修补苍天，最后把天上的大窟窿给"补"上了。为什么傍晚你向西边太阳落山的地方看，经常会看到五彩晚霞呢？据说那就是女娲补天用的五色石发出的霞光。天虽然补上了，但擎天大柱不是倒了吗？

既然天塌下一大块，
那我就用五色
石把它补上吧。

自然灾害的
苦真的是太
太太苦了。

等女娲娘娘把天
补好，老百姓们
就有救了。

没关系。女娲又在大海里捞出一只巨大的海龟，把它的四条腿砍下来，做成了四根柱子，支撑起天的四极。然后，她又杀死黑龙，拯救了老百姓；积聚芦灰，堵塞了天下的洪水。

最终，女娲把天补好了，四极稳固，洪水退却，那些祸害人类的巨禽猛兽也被消灭了，老百姓从此过上了安稳太平的生活。

出处 往古之时，四极废，九州裂，天不兼覆，地不周载。火爁炎而不灭，水浩洋而不息。猛兽食颛民，鸷鸟攫老弱。于是女娲炼五色石以补苍天，断鳌足以立四极，杀黑龙以济冀州，积芦灰以止淫水。苍天补，四极正，淫水涸，冀州平，狡虫死，颛民生。——《淮南子》，刘安

释义 形容改造天地的雄伟气魄和大无畏的斗争精神。

例举 革命先烈前仆后继，以女娲补天的精神，终于建立起了一个独立、强大的新中国。

陶侃龙梭

东晋时期，有个人叫陶侃，他乃当时名士、名将，其曾孙为著名田园诗人陶渊明。

相传陶侃自幼丧父，与母亲相依为命，居住在矶山山麓。年轻的陶侃每天都来这里，一面读书，一面垂钓，以补贴家用，因此，这地方又被人称为钓矶山。

有一次，他又在钓矶山下钓鱼。一钩下去，就觉得这钩子比较沉。呦！陶侃心中高兴，肯定有大鱼上钩了。赶紧抬鱼竿，这"大鱼"就被钓上来了。甩到岸上一看，是一条鱼吗？不是。钓了半天，原来是一个织布用的梭子。陶侃心想：奇怪了，这山下怎么会有一把织布的梭子呢？谁掉到水潭里的呢？得了，甭管谁扔的，反正我把它钓出来了，那就归我吧！这把梭子看起来还不错，拿回家去，让家人织布用吧！

于是，他就把这只梭子拿回家挂在了墙壁上。结果刚挂上去，没多大会儿，可了不得了：刹那间，乌云密布，电闪雷鸣，瓢泼大雨从天而降。

就在这时，一个奇异的现象出现了，只见陶侃挂在墙上

这织布的梭子
竟然变成了一
条赤龙！

的那把梭子"唰"从墙上"游"下来了。墙上的梭子变成了一条赤龙，冲出房间，顺着雨水，腾空而去……

后来，陶侃一路建功立业，功成名就，据说这都跟他见到这只"龙梭"有关。

事实是否如此？我们不得而知，不过，钓矶山上至今还有陶侃钓梭时留下的痕迹呢！

后来，人们用"陶侃龙梭"来形容非凡之物终会有惊人的变化，或者形容贤能之辈终会崭露头角、大显身手。

出处 钓矶山者，陶侃尝钓于此山下，水中得一织梭，还，挂壁上。有顷，雷雨，梭变成赤龙，从空而去。其山石上，犹有侃迹存焉。——《异苑》，刘敬叔

释义 形容非凡之物终会有惊人的变化，或者形容贤能之辈终会崭露头角、大显身手。

例举 苏轼有诗用到"陶侃龙梭"的典故，诗曰：人不我知斯我贵，不须雷雨起龙梭。

📖 月下老人

唐朝元和二年，杜陵有个叫韦固的书生去清河访友，途中借宿在宋城县南店客栈。同住客栈的张姓客人听说他还没有娶妻，就说要把原清河太守潘昉的女儿介绍给他，约定第二天早晨在龙兴寺门前碰头。

次日四更天时，韦固匆匆起床赶到龙兴寺，他没有看见张姓客人，倒看见一位须发银白的老翁坐在台阶上，倚着布袋对月翻书。他凑过去一看，一个字也不认识，便问老人看的是什么书，老人告诉他说："我是掌管人间婚姻的使者，这书乃是天下男女婚事的案牍簿册。"接着又说："你的妻子并不是潘太守的女儿。你的妻子现在才三岁，等到她十七岁的时候才能嫁给你。"

韦固又问："您这布袋里装的是什么呀？"老人告诉韦固："都是红绳子。这是用来系夫妻二人的脚的。不管世上这对男女婚前是什么关系，就算俩人是仇敌之家，或贫富悬殊，又或相隔万里，只要用这红绳一系，就必成夫妻！"

韦固又问："那我的妻子在哪里？是做何营生的？"老人翻了翻书后，说："巧了！就在宋城南店北面，是一个陈

姓婆婆的女儿，卖菜为生。"于是，老人带着韦固来到市场，指着一位瞎了一只眼的妇人，她怀里还抱着一个小女孩，说："那个小女孩就是你的妻子。"

隋唐时期，人们非常讲究门第出身。韦固心想：我是读书人，怎能娶乡野老婆子家的粗俗女儿？于是命仆人去杀死小女孩，但仆人胆小，他只用刀划破了小女孩的额头就跑了。

就这样，年复一年，虽有好事之人为韦固提亲说媒，却都未成功。直到十四年后，韦固在相州刺史王泰手下为官，王泰特别欣赏韦固的才能，就把自己十七岁的女儿嫁给了韦固。

婚后生活十分美满，但令韦固一直纳闷的是王小姐两眉之间，一直贴着一块花钿，就是洗脸沐浴也不摘掉。一问这才知道，原来王小姐不是王泰的亲生女儿。她原来住在宋城，父母双亡，跟随瞎了一只眼的奶娘以卖菜为生。三岁那年在市场上被歹徒刺伤了眉心，为了遮疤才贴上花钿。后来得知叔叔王泰当了官，才投奔而来。韦固这才感叹姻缘注定，月下老人所言不虚。

出处　又问囊中何物，答曰："赤绳子耳。以系夫妻之足，及其生，则潜用相系，虽雠敌之家，贵贱悬隔，天涯从宦，吴楚异乡，此绳一系，终不可逭。"——《续玄怪录》，李复言

释义　原指主管婚姻的神仙，后泛指媒人。

例举　他在婚姻介绍所工作，干的就是月下老人牵红线的事儿。

嫦娥奔月

相传上古时期，有一个女孩子叫作"姮娥"，长得十分漂亮。有一次，后羿在山中打猎碰到正在月桂树下玩耍的嫦娥，立刻被她的美丽所吸引。姮娥看到后羿这个小伙子长得也特别精神，浑身散发着男子汉特有的魅力，这位美丽的姑娘也被眼前的男子吸引住了。于是，二人就以月桂树为媒结了夫妻。

后来，后羿从西王母那里得到了两粒神药——不死药，人吃了，可以长生不老。没想到，一天晚上，这药居然被姮娥窃取独吞了。有人说，是有坏人过来要偷药，姮娥为了保护药，情急之下就把药放入嘴里，结果"咕咚"一下，她咽下去了，这属于误服此药；也有人说，后羿整日光想着修炼武功，就知道习武练剑，冷落了姮娥。姮娥也是心灰意冷，一生气，自己就把这不老药给吃了……甭管出于什么原因，最终结果就是姮娥将两粒长生不老药都吃进了自己肚子里。

服药后，姮娥觉得自己的身子越来越轻，之后便慢慢飞了起来，她飞出了窗子，飞过了洒满银辉的郊野，越飞越高，

玉兔啊，你是不是吃胖啦，云朵都飘慢了！

嫦娥姐姐，我害怕，一会吃根萝卜压压惊！

对啊，一抬手就能摘到星星啦！

哇！我们飞起来了！

一直朝着月亮飞去……从此以后，月宫中就多了一位"广寒仙子"，此人就是姮娥。这就是"姮娥奔月"的故事。

那"姮娥奔月"怎么演变成"嫦娥奔月"的呢？这与汉朝一位皇帝有关。汉朝皇帝汉文帝，他名叫刘恒。当时有规矩，皇帝的名字叫恒，天下其他人就不能再使用"恒"字，别说这个字了，相同音的字都得避去或者用其他字替换，于是，大家就把"恒"改成了意思相近的"常"，后来又有人加了个"女"字旁，就成"嫦"了。从那以后"姮娥奔月"就演变成了"嫦娥奔月"，并一直被沿用至今。

出处 羿请不死之药于西王母，姮娥窃以奔月，怅然有丧，无以续之。——《淮南子》，刘安

释义 中国上古时代著名的神话传说。

例举 有一种凄美叫嫦娥奔月；有一种坚持叫吴刚伐桂；有一种节日叫中秋节。

观棋烂柯

传说在晋朝，有一个特别喜欢下棋的樵夫叫王质。有一天，他进石室山砍柴，发现有几名童子正在一边下棋一边唱歌，唱的歌还挺动听。王质觉得挺好奇，凑过去，把砍柴用的斧子往旁边草地里一扔，他背着手、弯着腰就认真看起童子下棋来了。一瞅，他们的棋艺还真不错，但摆的这个棋谱，自己还真没见过。

王质站在这里观棋好半天，有个童子伸手就递给王质一个枣核似的东西，让王质吃。王质看了半天棋，确实也饿了，便接过来放入口中，这食物真神奇，吃完立刻就有饱腹感了，并且精神头也足了，那就接着看吧……

其中一个童子有点不耐烦了，对王质说道："哎哎，我说你这个人，跟我们又不认识，也不跟我们下棋，光在这儿看什么看啊？赶紧回家吧！再不回去，你找不到家了！快快快，走走走！"

王质一看，这小孩儿，人不大脾气却不小。行行行，也看够了，我还得砍柴去呢！于是王质转身就找自己的斧子。这么一看，他傻了。只见斧头锈迹斑斑，都快烂了。斧柄

别看了，赶紧回家吧！

早已成为朽木，腐烂不堪。王质自言自语道："这怎么回事啊？这地方难道有什么腐蚀性的东西吗？怎么一会儿工夫我的铁斧就成这般模样了？"这下没法砍柴了，他只好灰头土脸地回家去了。

等回到村里一看，眼前的村庄跟自己离开相比完全变了样。再到自己家一看，所有的人都不认识了。家中人询问："你是谁啊？"王质说："我是王质，这是我家啊！"家中人又说："你怎么可能是王质呢？！王质是我们的祖爷爷，有一年上山砍柴就再也没回来过！"王质又打听了几位好友的情况，结果他们都已离世多年。王质这才推测也许自己在山上是进入了另外一个世界，有可能是仙界。正所谓天上一天，人间百年啊！

出处 质起视，斧柯尽烂。既归，无复时人。——《述异记》，任昉

释义 形容世事变迁。"烂柯"后来成了围棋的别名。

例举 爷爷给孩子们讲了"观棋烂柯"的典故故事。

鸡犬升天

汉朝有位淮南王，他的名字叫刘安，乃是汉朝开国皇帝刘邦的孙子。相传刘安是个非常爱好炼丹修道的人，梦想着自己有朝一日能够得道升仙。

有一天，王府突然来了八位仙人，他们每个人都法力无边。刘安见到这八位仙人后激动不已，想让他们收自己为徒，八位仙人欣然答应。

他们对刘安说："我们听说王爷诚心修道，这才特地相邀前来点化于你。实不相瞒，我们八个各有神通，都能够呼风唤雨、腾云驾雾、撒豆成兵、点石成金，而且已修炼成了长生不老之术。你拜我们为师，想学点啥呀？"

刘安说："我想要学习修炼成仙的长生不老之术。"

"那好，我们教你！"这八位老人向刘安传授了丹经，并且教刘安炼制了能够得道成仙的丹药。

后来，有人诬告刘安蓄意谋反。当时的皇帝汉武帝刘彻本来就想削藩，听到此事后便下令将刘安捉拿归案。刘安得知此事后大吃一惊，赶紧向八位师父讨教求生之路。

"哈哈哈哈……"八位老师笑道，"这是上天要召王爷去

了。不然的话，王爷怎能离开这个俗世呢？来来来……"

八位老人带着刘安在此祭拜了天地，让刘安服下了他们已经炼制好的丹药。等仙丹一下肚，刘安顿时觉得身轻如燕，之后便慢慢飞上了天……升天后的刘安还剩下一些丹药，于是就把这些剩下的丹药撒向了自家院子，结果王府中的鸡狗啄食后也都飞上了天，这就是"一人得道，鸡犬升天"的典故故事。

出处 王遂得道，举家升天。畜产皆仙，犬吠于天上，鸡鸣于云中。此言仙药有余，犬鸡食之，并随王而升天也。——《论衡》，王充

释义 形容一个人有了权势，和他有关系的人也都跟着得势。

例举 他刚上任，亲戚们也跟着神气起来了，真是一人得道，鸡犬升天啊！

浑沌开窍

传说很久很久以前，南海一带有个帝王叫作倏，在北海也有个帝王，他叫忽，而管辖中央位置的帝王叫浑沌。北、中、南三帝关系特别好，忽和倏经常到浑沌这里来做客，每次，浑沌都非常热情地招待其他两位帝王。时间长了，忽、倏二人觉得不好意思了。

"浑沌大哥对咱们如此厚恩，咱怎么报答他呢？"

"给东西？浑沌大哥地处中央，什么都不缺。"

"唉！那怎么办呢？"

两个人琢磨来、琢磨去，最后想：人都有七窍，有了它们，便可以看世间美丽的风景，听外界美妙的声音以及品尝美味，但大哥却没有七窍！眼睛、鼻子、嘴、耳朵全都没有。于是想来想去，他们最后决定帮大哥"开窍"。

北海之帝忽和南海之帝倏拿着榔头、凿子来到中央之地，不由分说，一个把浑沌按在那里，另一个就开始给他凿。每天凿一窍，今天凿一左眼，明天凿一右眼，后天凿一耳朵眼……凿了七天，最后终于为浑沌凿出了七窍。

这下，中央之帝浑沌总算是有七窍了，但命却没了！

大哥你忍一忍，有了
七窍你就会知道这个
世界有多美好啦！

这个典故故事告诉我们做事一定要遵循事物发展的基本规律，切勿将主观愿望强加于客观事物之上。

出处 儵与忽时相与遇于浑沌之地，浑沌待之甚善。儵与忽谋报浑沌之德，曰："人皆有七窍，以视听食息，此独无有，尝试凿之。"日凿一窍，七日浑沌死。——《庄子》，庄子

释义 这个寓言强调天道无为，告诉人们切勿将主观愿望强加于客观事物之上。

例举 做任何事都要遵从事物发展的基本规律，切勿脱离实际地"浑沌开窍"。

军事篇

坚壁清野

东汉末年，曹操平定了黄巾军，占据了兖州一带，然后挥师东进，准备夺取徐州。结果徐州牧陶谦联合刘备共同抵御，曹操一时半会儿还真拿不下徐州。

正在这个时候，兖州的豪强张邈勾结吕布抄了曹操后路，攻破兖州大部分地区，并且占领了要地濮阳。

曹操一看腹背受敌，赶紧从徐州撤兵回来攻击吕布。那吕布吕奉先多厉害，十分彪悍，双方相持日久，曹操一时无法取胜。

这时，突然消息传来，徐州牧陶谦病死了，把徐州让给了刘备刘玄德。曹操一听，更心急了说道："本来我想拿下徐州，没想到损兵折将。最后，居然让刘备占了便宜！可恼哇！看来我得先拿下徐州，再回来消灭吕布！"

谋士荀彧一听，赶紧劝阻："想当年，汉高祖刘邦夺取天下之时，是先保住了关中。光武皇帝刘秀平定天下之时，也是先占据了河内。他们这么做都是深根固本，以治天下。所以，虽然刘邦、刘秀都遭受过一些挫折和失败，但由于他们的根据地还在，所以最终取得了成功。同样的道理，兖

州对于主公来说就是您的根本。虽说兖州残破了一些，但是更容易保存力量。而徐州方面呢？据说人家现在已经组织人力加紧抢割城外的麦子了，人家有粮草了，然后必然还会坚壁清野，以待敌军啊！""坚壁"就是加固防御工事、加固营垒；"清野"就是把城池之外的资源全部清空，让敌军什么都捞不着。荀彧接着说道："如果现在您真的派兵攻打徐州，很有可能既攻不破城又没收获，不出几日，十万大军便会不战自溃呀！所以，我认为咱们还是不打徐州为妙。还请主公三思！"

曹操听完荀彧的劝告，觉得十分有道理，于是就取消了攻打徐州的计划，专心跟吕布对战。不久，曹操大败吕布，平定了兖州。

出处　今东方皆已收麦，必坚壁清野以待敌军，将军攻之不拔，略之无获，不出十日，则十万之众未战而自困耳。——《三国志》，陈寿

释义　"坚壁清野"是对付强敌入侵的一种方法，就是坚固壁垒、清郊野，使敌人既攻不下据点又抢不到物资。

例举　我方采取了坚壁清野的战术，让敌方苦于输援而无法速战速决。

走为上计

南北朝时期，南齐第一任皇帝是齐高帝萧道成，助他取得皇位的功臣中有一位大将军叫王敬则，因其为南齐开国立下汗马功劳，所以受到众人敬重。

萧道成死后，武帝继位；武帝死后，萧昭业继位。没过多久，萧鸾采用阴谋手段杀死了昭业和他的弟弟昭文，篡夺了帝位，萧鸾就是后来的齐明帝。

由于萧鸾帝位是利用阴谋篡取的，所以他登上皇帝宝座之后，心里老是惴惴不安、猜疑重重，担心自己的兄弟和后辈学自己再用阴谋政变推翻自己，于是就对除自己这支之外的萧氏皇族大开杀戒，就连一些老臣旧将也被萧鸾除掉了不少。

王敬则作为开国老将，当时担任会稽太守，远离朝廷，手握重兵，那萧鸾对他自然也不放心。萧鸾表面上对王敬则很尊敬，给予他优厚的待遇，但是内心处处设防，而且派人监视着王敬则。随着萧鸾的疑心日益加剧，派去监视王敬则的人也越来越多。最后，逼得王敬则忍无可忍，起兵叛变，领兵向京城建康进发！

当时齐明帝萧鸾正卧病不起，听闻王敬则起兵反叛，非常惊骇，满朝文武大臣也一个个吓得失魂落魄。萧鸾有个儿子叫萧宝卷，赶紧让人爬上房顶看看王敬则打到哪里了？这人爬到房顶一看，只见征房亭处火光冲天，其实王敬则还没打过来呢，大家错以为叛军已经到了。

这件事情传到了王敬则耳中，王敬则得意地说道："檀公三十六策，走是上计，我料定萧鸾父子唯有逃跑这条路了！"这里的檀公是指东晋末年著名军事家檀道济。

出处 东昏侯在东宫，议欲叛，使人上屋望，见征房亭失火，谓敬则至，急装欲走。有告敬则者，敬则曰："檀公三十六策，走是上计。汝父子唯应急走耳。"——《南齐书》，萧子显

释义 计谋虽然很多，但是不打仗赶紧跑、离去是最好的选择。

例举 白骨精见自己不是孙悟空的对手，心想：三十六计，走为上计。于是留下一具假尸，晃身便逃走了。

攻心为上

三国时期，蜀国有位很有才华的年轻人叫马谡，字幼常，由于本人在军事方面有独到见解，因而深得蜀汉丞相诸葛亮的器重，但蜀汉的皇帝刘备却提醒诸葛亮，认为马谡"言过其实，不可大用"，于是诸葛亮开始只让马谡做了个参军。其实，诸葛亮把马谡放在这个位置上，也是想先考察考察这个年轻人。

马谡确实很优秀，诸葛亮经常跟马谡在一起谈论一些事情，有时候一谈论就是一整天。

后来，南部少数民族地区的领袖孟获起兵造反了，诸葛亮率军去平定南中，马谡这一次没有跟着去。送行时，诸葛亮问马谡："幼常啊，你我共同谋事多年，此次出征南中，你是否有更好的计策呢？"

马谡一听赶紧施礼："丞相，南中屏障地形险要，路途遥远，而那孟获一直都很顽固，即便我们今天把他击败了，明天他照样还会反叛。如今您正集中全国力量为北伐做准备，如果您一旦统兵北伐，他们知道咱们国家内部空虚了，那必然会加速反叛；如果这一次，丞相您过去把他们斩草

快帮我拍一
张照片啊！
幼常，此次讨伐
孟获，你是否有
更好的计策？
我认为，用兵之
道，攻心为上，
攻城为下；心战
为上，兵战为下。
一会你要帮我
和诸葛亮拍张
合影哦！

除根、全部杀尽以绝后患，这又不是仁者所干的事，而且，也不可能在短时期内把敌人全部杀掉。所以我认为，用兵之道，攻心为上，攻城为下；心战为上，兵战为下。就是说，您应该将心比心，以攻心为上，战争为下；以心理战为上，短兵相接为下。这么一来，愿丞相此去能够降伏其心，让他们真心归附。"诸葛亮听完点点头，对他的回答非常满意。

之后诸葛亮南征，对南蛮王孟获七擒七纵，最终让孟获心悦诚服，并且在诸葛亮有生之年，南方再也没有反叛过。

出处 谡对曰："……夫用兵之道，攻心为上，攻城为下，心战为上，兵战为下，原公服其心而已。"亮纳其策，赦孟获以服南方。故终亮之世，南方不敢复方。——《三国志》，陈寿，裴松之注引《襄阳记》

释义 从思想上瓦解敌人或者对方的斗志，这才是上策。

例举 这个人过于刚强，对他一定要攻心为上啊。

假道灭虢

春秋时期，在强大的晋国旁边有两个小国——虞国和虢国。晋国早就想吞并它们，无奈两国关系特别好，可以说是唇齿相依。晋如果袭击虞国，虢国就会出兵救援；晋如果攻击虢国，虞国也会出兵相助。晋国想要把两国拿下，必须首先离间两国关系，打破两国同盟的局面。

于是，晋国大夫荀息就向当时的国君晋献公献上一计，要晋献公把屈地产的宝马和垂棘产的玉璧送给虞公，然后向他提出借道打虢国。晋献公舍不得，怕虞公收了重礼而又不肯借道。

"君上差矣。"荀息说，"宝物只是暂时让虞公代为保管。等到咱们灭了虢国，虞国还能独存吗？到那个时候，整个虞国都是您的，这两件宝贝不自然还是您的吗？"

"嗯！你说得很有道理，不过这条计策蒙骗虞公还行，但虞国大夫宫之奇十分精明，怕骗不了他啊！"

"哈哈……大王有所不知，宫之奇这个人确实了不得，但聪明却不固执。进谏，他肯定是会的，但如果虞公不听，他也绝不会强谏的。咱们的计策肯定能成功！"

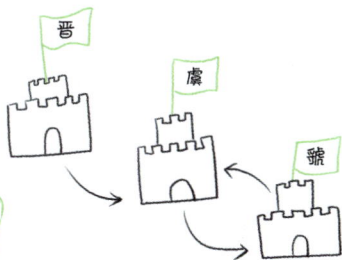

晋献公一听，荀息这么有自信，说的也确实有道理，于是就向虞公敬献了屈产之乘和垂棘之璧，并向其借道伐虢。

虞公看到宝马、美玉后眼睛都直了，哪有心思考虑其他事。最后他不但借了道，而且还出兵帮助晋国攻打自己的盟友。

见此情景宫之奇赶紧劝阻，但虞公根本不听。

最终晋国会同虞军攻打虢国，很快占领了虢国的下阳，然后晋军顺着来路又返回了晋国，一路是秋毫无犯。但三年后，晋国再次提出向虞国借道攻打虢国，虞公不听宫之奇"唇亡齿寒"的谏言再次同意了。这次晋国通过虞国最终灭掉了虢国，并在回师路上，把虞国也给灭了。

出处 晋荀息请以屈产之乘与垂棘之璧，假道于虞以伐虢。——《左传》，左丘明

释义 泛指用借路的名义而灭亡这个国家。

例举 周瑜向刘备借路，说要帮刘备取西川。诸葛亮一眼识破这是"假道灭虢"之计。

草船借箭

东汉末年，刘备、孙权联手抗击曹操，双方隔着长江拉开了决战的序幕。东吴的最高军事指挥官是大都督周瑜，他眼见刘备的军师诸葛亮足智多谋，但又不能为东吴所用，担心其日后必成东吴大患，于是就想出一个主意，既能除掉诸葛亮，又不会落下害贤的名声。

这天，他把诸葛亮找来问道："孔明先生，水上交战，应当以何种兵器为先？"诸葛亮说道："自然以弓箭为先。"周瑜点点头："先生说得是，不过，现在我军雕翎箭太少了，有劳先生监造十万支箭，以为应敌的武器。这是公事，请先生不要推辞。"没想到，诸葛亮不但没推辞，反而答应三天交出十万支箭，并立下了军令状。

周瑜又喜又疑，便派大夫鲁肃前去打探虚实。鲁肃顾全大局，不愿孙刘两家反目，就想设法救诸葛亮一命。

诸葛亮告诉鲁肃："只要你借给我战船二十只，每只船上要军士三十人。船上都要用青布帷幔，还要有干草一千束，分别绑在战船的两边。在每只船上放两面战鼓，派十名号角手。我自有妙用。"鲁肃纳闷，用这些东西能造出箭来吗？

诸葛亮又嘱咐说："这件事千万不能告诉周都督，不然我可真活不成了！"鲁肃说："先生放心，我一定严守机密！"

第二天，鲁肃把这些所需之物全部备齐交给了诸葛亮，却发现诸葛亮一连两天都没有动静，直到第三天四更时分，诸葛亮秘密把鲁肃请到船里告诉他要一起去取箭，然后命人把二十条扎满草人的船用绳索连接起来，朝北面曹军的水寨开去。此时，大雾弥江，可见度极低。诸葛亮下令把船头朝西、船尾朝东，一字排开，又叫船上的军士擂鼓呐喊。自己却拉着鲁肃在船舱内喝酒取乐。曹操闻听鼓声呐喊声，又见大雾弥江，不敢贸然出击，只得派弓弩手轮番向响声处射箭。结果羽箭全都射在了船上的草人身上。这边射满，诸葛亮又吩咐调转船头，时间不长，另一边也被射满了。诸葛亮见船上箭满，天也放亮，大雾渐散，吩咐大家齐声喊："谢丞相箭！"然后掉头回营。一数船上的箭，有十万余支。

出处 二十只船两边束草上，排满箭枝。孔明令各船上军士齐声叫曰："谢丞相箭！" ——《三国演义》，罗贯中

释义 借他人之力达到自己的目的。

例举 草船借箭的故事体现出诸葛亮的足智多谋。

骄兵必败

公元 68 年，汉宣帝派侍郎郑吉、校尉司马熹领兵去攻打屡屡骚扰汉朝边境的车师。车师向匈奴求救，可援兵迟迟不到。此时，汉军兵临城下，车师没办法，只好投降了汉朝。之后，侍郎郑吉留下了三百名士兵在车师屯田驻防，自己则率军返回了渠犁城。

这时，匈奴援军赶到，发现车师投降汉朝，便报复性地用骑兵袭击了车师。

消息传来，在渠犁城的郑吉勃然大怒，他立刻率领七千多士卒前往车师营救。但是敌众我寡，他们到那里就被匈奴兵围困在了车师城内。郑吉没办法，赶紧派人突围给汉宣帝送信，请求朝廷派遣援兵。

汉宣帝大吃一惊，马上召集文武百官开了个紧急军事会议，商讨对策。

将军赵充国认为："匈奴没什么了不起的？我们应该趁着匈奴大军还没有完全到来之际，派兵攻打匈奴的右翼，以此迫使匈奴从车师撤军。给匈奴点颜色看看，这样他们就再也不敢侵扰西域了！"

但丞相魏相不同意攻打匈奴，他上书说："这个仗不能再打了。因为最近这些年，匈奴并没有侵扰边境。现在咱们为了车师就要去攻打匈奴，在道理上说不过去。而且边境的百姓生活困难，缺衣少食。国内连年遭灾，收成很差。再加上这些年吏治不好，风俗道德方面也出现了很多问题，屡次发生大案。所以，眼前最重要的是整顿朝纲、任用贤能，先把国内的事情处理好。如果仗着国大人多而对外炫耀武力，这就是骄横的军队，军队一旦骄横，便注定会灭亡。所以，咱们不能一味地穷兵黩武。"

汉宣帝认为魏相之言有理，便决定暂时不去攻打匈奴，只是派了援兵帮助郑吉军队成功突围。

出处 恃国家之大，矜民人之众，欲见威于敌者，谓之骄兵，兵骄者灭。——《汉书》，班固

释义 只要某支军队恃强轻敌，注定是要打败仗的。

例举 曹操骄兵必败，果然赤壁之战失利了。

瞒天过海

传说唐太宗李世民在一次东征中来到辽东渤海湾，他望着汹涌澎湃的大海，脑袋直发晕。当时内陆的人哪见过海啊，唐太宗心生畏惧，不敢上船，吩咐沿海岸下寨，并询问总管张士贵："可有过海之计？"

张士贵暂时没有好的计策，只得回复："陛下，请容臣回去好好考虑考虑。"

张士贵营中有位战将叫薛仁贵，足智多谋。张士贵将他请来问计。薛仁贵微微一笑，说："总管勿忧，仁贵用一计管教千里海水变为平地。只需……"

第二天，有人向唐太宗道喜，说附近有一土豪愿承担三十万大军所用军粮，条件是想见见天子。

唐太宗一听，大喜过望，马上接见了这位土豪。一看，是一位七旬老者。唐太宗询问："粮草现在何处？"老者说："就在海边，请陛下随草民前去观看。"

等唐太宗到了帐外一看，吃了一惊，发现两边全是彩帐遮围。老者解释："因为海风太大，所以我们扯了很多彩帐为陛下遮风。"就这么着，老者引着唐太宗从彩帐当中往

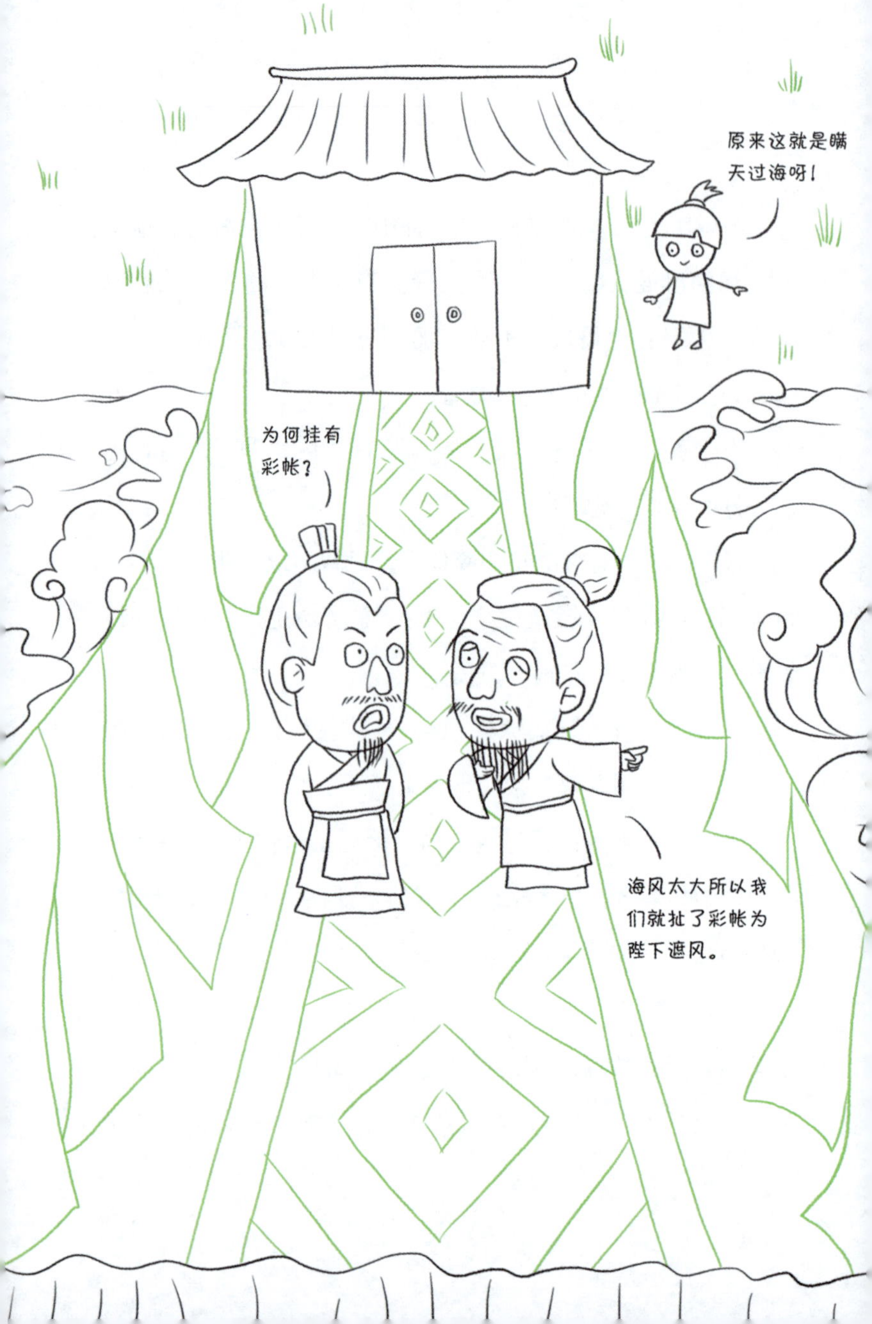
原来这就是瞒天过海呀！
为何挂有彩帐？
海风太大所以我们就扯了彩帐为陛下遮风。

前走了很远，最后走到地上都有地毯了，又走了一段地毯，最终来到一间金碧辉煌的大殿。老者告诉唐太宗，这就是他的家，并备下酒宴款待皇上。

正在此时，唐太宗只感觉身形晃动，风声四起，而且听见外面"哗——哗——"波响如雷。再看这桌子上，杯盏倾斜。他赶紧让近臣把遮挡的彩帐全部拉开，这才发现自己正坐在一艘大船之上。一眼望去，海水如天，碧波荡漾，无边无沿。

这时，张士贵才起身奏道："陛下恕罪，此乃臣的过海之计。刚才为什么一路之上都是帷幕彩帐呢？就是不想让您看到，其实您一路之上都在登船。现在不仅您，就连三十万军队也都已经在船上了。您不用害怕，咱们转眼间就会靠岸！"

出处 帝急问曰："此是何处？"张士贵起而奏曰："此乃臣过海之计。得一风势，三十万军乘船过海，至东岸矣。"视之，果在船上。——《薛仁贵征辽事略》，作者不详

释义 比喻用谎言和伪装向别人隐瞒自己的真实意图，而在背地里偷偷行动。

例举 他以瞒天过海的功夫骗得了众人的信任。

115

一箭双雕

北周时期，有位世家子弟叫长孙晟，字季晟，小名鹅王。他生性通达聪慧，略涉书史，矫捷过人，尤其善于骑射。据说此人箭术极为高超，可谓百步穿杨、百发百中。当时北周崇尚武艺，但凡贵族世家子弟基本都会点功夫，并且都还觉得自己了不起，但千万别跟长孙晟比骑马射箭，只要比，那肯定是输了。也许因为长孙晟为人低调，以至于当时他的知名度并不高，很多人都不认识他，直到碰到了大将军杨坚，就是后来的隋朝开国皇帝隋文帝，他才慢慢被人所熟知。经过一番交谈后，杨坚对长孙晟大为赏识，携起他的手对众人说："长孙郎不光武艺超群，适才一席话，又多有过人智略，假以时日，此子必为名将。"

转眼到了北周宣帝时期，北方突厥首领沙钵略可汗请求与北周通婚和亲，于是宣帝就把赵王宇文招之女封为千金公主嫁给他为妻。迎娶之时，双方都想着炫耀炫耀本国的实力，于是，都精选骁勇之士作为使者。长孙晟由于智勇双全，便被选作此次送亲的副使，护送千金公主北嫁突厥。

其实，为这门亲事，北周曾先后派数十名使者前往突厥，

但沙钵略可汗表现得都很傲慢少礼，唯独见到长孙晟，俩人投脾气。沙钵略可汗拉着长孙晟不让走，在突厥留了一年，而且经常拽着长孙晟一起游猎。

有一次，俩人并马射猎。突然听到空中有响动，抬头一看，原来是两只老雕在天上争肉吃呢！沙钵略可汗伸手递给长孙晟两支箭："怎么样，能把它们射下来吗？"长孙晟微微一笑，接过一支箭，弯弓催马奔去，弦一响，"嗖"的一声，两只大雕便串在一起掉落了下来。突厥众勇士热烈鼓掌喝彩。沙钵略可汗大喜，告诉身边的各位突厥子弟："看见没，这才叫英雄，你们以后都要与他多亲近，多向他学习箭术！"

出处 晟乃弯弓驰往，遇雕相攫，遂一发而双贯焉。——《隋书》，魏徵

释义 指射箭技术高超，一箭射中两只雕，比喻做一件事达到两个目的。

例举 此计若是成功，定能一石二鸟、一箭双雕！

118

上屋抽梯

　　东汉末年，荆州牧刘表宠幸后妻蔡氏，进而偏爱她生的小儿子刘琮，而不喜欢长子刘琦，并想把未来荆州基业交给小儿子。刘琦非常担心，其实荆州要不要无所谓，只是蔡氏屡次想要加害于他，他怎么才能保全自己的性命呢？他知道诸葛亮是大才，所以经常向诸葛亮请教保全之计，但诸葛亮总是拒绝。后来把刘琦给逼急了，他便来了招"上屋抽梯"的计策。

　　有一天，刘琦邀请诸葛亮来游览自家的后花园，说："这里有座阁楼，楼上观风景特别好。我在楼上已经设下酒宴，请先生上楼一叙吧！"诸葛亮没防备，就登楼对饮。

　　其实，刘琦早就吩咐过下人："什么时候看我们俩上楼，你们就偷偷地把楼梯给我抽走！"等诸葛亮听到响动赶紧起身一看，楼梯没了！想下楼也下不了了。这时，刘琦跪倒再次向诸葛亮求计："这里就只有咱俩，出您的口，入我的耳，别人听不到。您总该指教我一下了吧？"诸葛亮苦笑一声："你呀你……好吧！其实，保全你自己很简单，你难道忘了吗？春秋时期晋国的公子申生留在宫内，遭到了

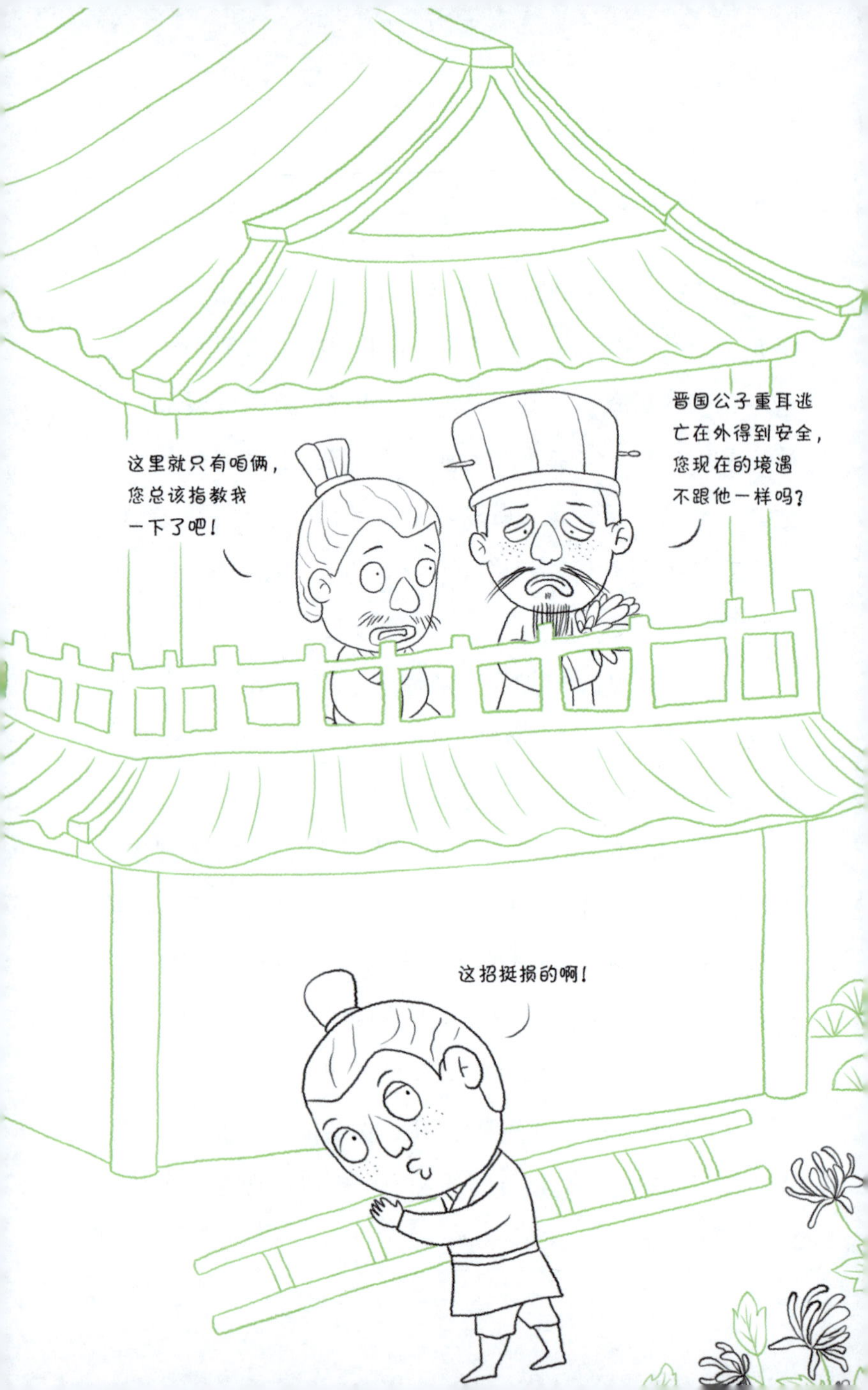
这里就只有咱俩，您总该指教我一下了吧！
晋国公子重耳逃亡在外得到安全，您现在的境遇不跟他一样吗？
这招挺损的啊！

谋害，而公子重耳逃亡在外，却得到安全。你现在的境遇不跟当年一样吗？"

这一句话点醒梦中人，刘琦顿时茅塞顿开。对啊！当年晋国不就如此吗？晋献公宠幸骊姬，骊姬想让晋献公把自己的儿子立为世子，屡屡加害其他儿子。世子申生留在宫里，最后遭到了骊姬的谋害，但另外一位公子重耳出逃在外，却得以保全性命，最后成为晋文公。

当时正好江夏太守黄祖死了，于是刘琦赶紧向自己父亲刘表提出愿补缺为江夏太守，替爹爹镇守江夏！刘表当时就答应了。于是，刘琦借机脱身，最终保全了性命。

出处 琦乃将亮游观后园，共上高楼，饮宴之间，令人去梯，因谓亮曰："今日上不至天，下不至地，言出子口，入于吾耳，可以言不？"——《三国志》，陈寿

释义 指的是利用小利引诱敌人，然后截断敌人援兵，以便将敌围歼的谋略。

例举 这一仗，我军诱敌深入、上屋抽梯，最后将日寇一网打尽。

🖋 先发制人

秦朝末年，天下大乱，陈胜、吴广在大泽乡发起起义。楚国贵族项梁和他的侄子项羽为了躲避仇人，跑到了吴中会稽。

会稽郡郡守叫殷通，非常敬重项梁，为了给自己未来找出路，就请来项梁商议："你看现在江西一带都已经造反了，这是老天爷要灭秦朝了。战争双方先出手的更容易制服对方，后出手的很有可能就要被对方所制服，现在正是起兵的时候，我想请您还有桓楚将军一起来为我率领军队，只是不知道桓楚将军现在身在何方？"

项梁不愿意在殷通手下为将，他想要自己把握主动权，自己起事。他想：既然现在你这个会稽郡守都有造反之心了，太好了！你的军队正好为我所用。那殷通怎么办？项梁当时就起了杀心，但又不敢贸然动手，他灵机一动，连忙说："桓楚因触犯了刑律流亡在江湖，不过我侄子项羽知道他在哪里。他就在帐外，我把他叫进来问问。"

就这么着，项梁出来了，他告诉项羽："你把宝剑准备好，看我眼色行事，我一给你眼色，立刻……"他做了一个杀的

手势。项羽冲叔叔一点头，说道："我明白！"

一转身，项梁又回来了，说道："郡守，太好了，我侄儿项羽果然知道桓楚将军的下落。""是吗？太好了！请他进来！"他一说"请"，项梁就冲外面喊了："籍儿，还不入帐！"项羽快步进入帐中。殷通刚要起身去迎接，就在这时，只见项梁冲项羽使了个眼色，说时迟，那时快，项羽拔出宝剑刺向殷通，随即砍下了他的脑袋。

紧接着，项梁夺了殷通的官印，让项羽镇压了不服从的士兵。剩下的那些士兵一看，这项羽太厉害了，最后都纷纷归附，并拥立项梁为会稽郡守。于是，项梁就在这吴中起事，得精兵八千，从此举起了讨伐秦朝的义旗！

出处 其九月，会稽守通谓梁曰："江西皆反，此亦天亡秦之时也。吾闻先即制人，后则为人所制。吾欲发兵，使公及桓楚将。"——《史记》，司马迁

释义 指战争双方，先发动的一方处于主动地位，可以控制对方。后也泛指争取主动，先动手来制服对方。

例举 八路军不等鬼子站稳脚跟，就先发制人，打了个漂亮的突袭战。

围魏救赵

战国时期，魏国派庞涓为大将率领精锐部队攻打赵国，很快便把赵国都城邯郸给包围了。

眼看邯郸岌岌可危，赵王着急了，赶紧派使者到齐国许以厚利向齐威王求救。

齐威王一听，这不错呀，我又能得利，而且还能在诸侯面前立威，于是便任命田忌为主将，率军去解邯郸之围。

田忌手下有个大谋士叫孙膑，乃是孙武的后代，因当年受到庞涓的迫害，双腿残废，但足智多谋，他问田忌："将军现在打算怎么解邯郸之围呀？"

"那还有什么打算？咱齐国有的是兵啊！我统兵带队直逼邯郸，跟围困邯郸城的魏军干一仗，与邯郸城的赵军一起内外夹击去攻打魏军，邯郸之围不就解了吗？"

孙膑一摆手："将军，这件事儿就如同解开一团乱麻似的，不能握紧双拳生拉硬扯，越扯越乱；这也跟拉架类似，硬拉架，恐怕非但拉不开，保不准您还得受伤。现在，魏赵两国正在交战，魏国的精锐部队在攻打赵国过程中必定是筋疲力尽，他的老弱残兵在哪呢？在国内。您现在要想

125

这个方法
太妙了！

田将军，咱们直接进攻魏军
老巢，他们定会回兵自救，
这样便解救赵国了。

救邯郸，有个方法非常简单。先别管邯郸，您火速带领军队直奔魏国国都大梁，您打它的国都去，占据它的交通要道，冲击它空虚的地方。攻打赵国的魏军一看老巢不保，肯定会放弃赵国回兵自救。这么一来，我们自然就解了赵国之围了。"

田忌一听，这个方法太妙了！于是马上下令，火速进军，直逼魏国首都大梁！

魏军大将庞涓闻听消息，吓坏了。邯郸是赵国首都，城坚池深，一时半会打不下来，魏国国都再被他们占了，得不偿失，于是便下令赶紧回师援救国都。

结果，孙膑在庞涓必经之地设下伏兵，庞涓大军一到，齐军杀出，把魏军打了个大败。

出处 田忌欲引兵之赵，孙子曰："……君不若引兵疾走大梁，据其街路，冲其方虚，彼必释赵而自救。是我一举解赵之围而收弊於魏也。"——《史记》，司马迁

释义 借指用包抄敌人的后方来迫使他撤兵的战术。

例举 李秀成献出了围魏救赵之计打败了清兵，解了天京之围。

千金买骨

战国时期，燕国遭遇内乱，齐国趁机进军燕国，燕国国力大衰。新登基的燕昭王立志要复兴国家，于是四处物色治国的能士，结果一无所获。于是，燕昭王亲自登门向老大夫郭隗问计，希望郭隗能向自己推荐贤才。

郭隗听完，向燕昭王讲了一个故事："很久之前，有一位国君，特别喜欢千里宝马，于是派人去四方寻找，找了三年都没找到。这时有个大臣听说在远处某个地方有一匹名贵的千里马，于是就向国君报告：'您只要给我一千两金子，我就能把那匹千里马给您买回来。'国君高兴，于是给了这位大臣一千两金子。没想到，当这位大臣到达千里马所在之地时，发现千里马已经死了。于是，大臣就拿出了五百两金子把死马的骨头给买了回来，并将其献给了爱马的国君。国君一看勃然大怒：'我让你买的是活千里马，你给我弄一堆死马骨头，我要他何用？'这位大臣不慌不忙地回答说：'我花五百两金子买了死千里马的骨头，这件事情肯定会被外传，其实就等于给国君您做宣传。大家都知道了国君您居然肯花大价钱买死马，那要是有活马，您还

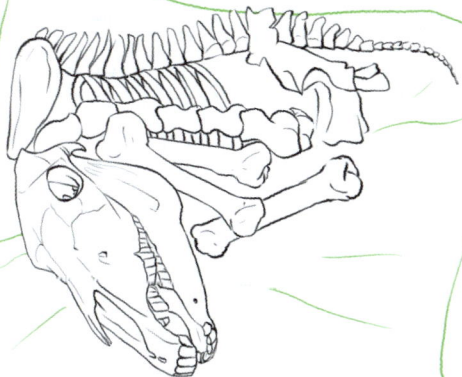

不得给人家更多的钱吗？这样，您还怕没有人把活马送上来吗？'国君一听，觉得有道理，就不再责备这位大臣了。果然，这个消息不胫而走，大家都知道了这位国君是真的爱千里马。结果不出一年，四面八方纷纷送来了千里宝驹。所以，您现在要真的征求贤才的话，就不妨把老臣我当马骨头来抛砖引玉试一试。"

燕昭王觉得有道理，回去之后，马上派人建造了一座很精致的房子给郭隗住，还拜郭隗做老师，对郭隗是恭恭敬敬、奉若神明一般。天下各国那些怀才不遇者，一听燕昭王礼贤下士，十分重视人才，于是都纷纷赶到燕国求见，就这样，燕昭王得了一大批贤臣，并最终复兴了燕国。

出处 古之君人，有以千金求千里马者，三年不能得。涓人言于君曰："请求之。"君遣之。三月得千里马，马已死，买其骨五百金，反以报君。——《战国策》，刘向

释义 用重金去买良马的骨头。比喻求贤若渴。

例举 李总表示，为了企业的发展，公司不惜千金买骨，决定高薪聘用人才！

吴宫教阵

孙武是我国春秋时期著名的军事家，著有著名的兵书《孙子兵法》。孙武是齐国人，后来在吴国隐居，因富有才华而被人推荐给了吴王阖闾。

吴王见孙武兵书写得不错，军事理论说得也头头是道，但对孙武实际的军事指挥能力还是有所怀疑，于是便想试探一下。他从后宫找来一百八十名嫔妃、宫女，问孙武能不能操练，孙武知道吴王是在考验自己，于是满口答应下来。

只见孙武手拿指挥旗，站在宫前空地上，让她们分为两队，又让吴王最宠爱的两名妃子在前面当队长。孙武脸色严肃，当众宣布："你们看我手中的令旗，听锣鼓声响，旗指向哪边，大家就往哪边去。听清楚了吗？"孙武讲完后，下面乱成一片，没有一人听从指挥。

见此情景，孙武脸色更加严肃，说道："刚才可能是我没讲清楚，这是我为将的过错！我再说一遍……"他又把军令说了一遍，而且最后强调："见令不行、违令者，斩！"下面这些"女兵"仍然在说笑起哄，整个局面混乱不堪。

孙武又强调一遍，"好！大家还没听清楚！那我再说一

遍！"孙武又严肃地把规则说了一遍，最后仍然说："违令者，斩！"结果这些女兵还是不认真执行。

孙武一看，当时把脸一沉，说道："各位，规则我已讲过三次，你们还是不听，那就不是我的过错了。所谓将不斩、兵不齐。来人！将这两队队长拉出去斩首！"吴王大惊，连忙过来求情。孙武说："将在外军令有所不受。斩！"这两名妃子被斩后，孙武再练兵，这些女兵一个个毕恭毕敬，认真训练，不久就操练得整整齐齐。

在这之后，吴王便任命孙武为大将。凭借孙武的军事才能，吴王西破强楚，北震齐晋，终于成了一代霸主。

出处 复三令五申而鼓之左，妇人复大笑。孙子曰："约束不明，申令不熟，将之罪也；既已明而不如法者，吏士之罪也。"乃欲斩左右队长。——《史记》，司马迁

释义 形容将领治军，号令严明，对违犯军纪的人绝不宽容。

例举 辛弃疾有诗云："愁红惨绿今宵看，却似吴宫教阵图。"

得陇望蜀

东汉初年，隗嚣割据陇地，公孙述割据蜀地，二人相互勾结，对抗朝廷。光武帝刘秀想要统一天下，于是不断地对他们进行攻击、劝降。

面对汉军的压力，隗军那些将领纷纷弃暗投明。隗嚣一看形势窘迫，赶紧派大将王元进入蜀地向公孙述求救，自己则带着家属投奔了西城守将杨广。

刘秀对隗嚣非常看重，又派使者屡次招降，但隗嚣横骨插心，就是不降。刘秀没办法，只能动用武力，命令吴汉、岑彭包围了西城，光武帝自己则返回了洛阳。

一个多月之后，杨广死了。隗嚣的处境更加困难，他咬紧牙关又撑了几个月，终于等来了派去蜀地的王元带回了五千蜀军。他们大喊着诈称"百万大军到也"，把汉军给吓坏了。王元趁机打破了汉军的包围圈，救走了隗嚣。汉军粮草殆尽，没办法，只得撤兵返回关中。于是，安定、北地、天水、陇西诸郡又导向隗嚣。

但大势所向，隗嚣再有能耐，也阻挡不了天下统一的历史趋势。到了建武九年（公元33年），隗嚣的财力、物

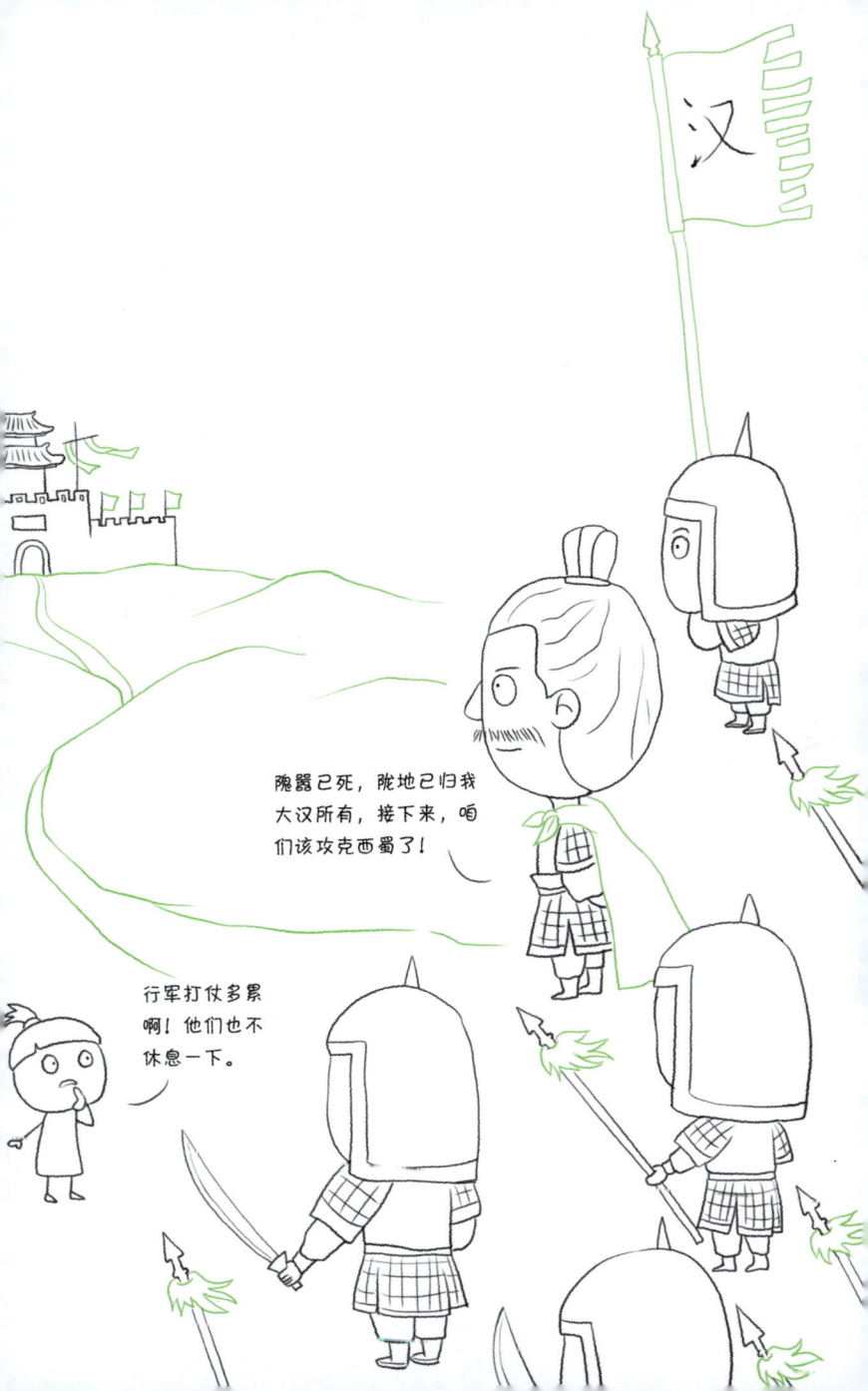

汉

隗嚣已死，陇地已归我大汉所有，接下来，咱们该攻克西蜀了！

行军打仗多累啊！他们也不休息一下。

力、人力均已消耗殆尽，处境每况愈下，而且本人又生病了，还天天吃不饱饭。最后，一代枭雄隗嚣愤恨而死。

当年光武皇帝返回洛阳之际，曾经给围攻西城的岑彭留下一信函，在信中他告诉岑彭："如果你们把西城、上邦两座城池都攻下来了，那你们也别闲着，你们可以带兵继续南下去攻克西蜀。"在这里，光武帝说了一句话："人心苦于不知足，才平定陇右，又想着蜀地呀！每次出兵，头发都白很多啊！"

这就是典故"得陇望蜀"的词源。可以看出，最开始"得陇望蜀"并不是一个贬义词，反倒是告诫大家不要满足现状，应该更进一步。光武皇帝也正是在不断地"得陇望蜀"中完成了他的中兴大业。

出处 人苦不知足，既平陇，复望蜀，每一发兵，头鬓为白。——《后汉书》，范晔

释义 讽刺人心不足、贪得无厌，得寸进尺的行为。

例举 他才刚被提到处长，又想着冲刺局长，真有点"得陇望蜀"了。

远交近攻

战国时期，有一位大政治家范雎。他本来是魏国人，后来投奔了秦国。秦昭襄王得知范雎来了，非常高兴，亲自出来迎接，并虚心向范雎请教强国之策。

范雎说："秦国土地广大，地势险要，士卒勇猛，要统治诸侯，本来并不难办到，可这么多年一直都没什么进展，大王您有失策的地方啊！"

秦昭襄王马上又问："请先生告诉我，寡人失策在什么地方啊？"

范雎说："大王越过韩国、魏国的国土去进攻强齐，这就是失误之处。您想，如果您出兵少了，对齐国定够不成威胁；出兵多了，劳师远征对秦国又有害处。臣揣摩大王是想本国少出兵，而让韩魏两国多出兵，甚至全部出兵。如果您是这么想的，那您的想法就是不义。如今，您明知道盟国韩国、魏国不可信任，却越过他们的国土去对强齐宣战，这可以吗？万一打齐国的时候，魏国、韩国从中间给您一刀，那您不就完了吗？所以，对于边远国家，您应该与其结为盟友，而选择先攻打邻近国家，这样逐渐扩大秦

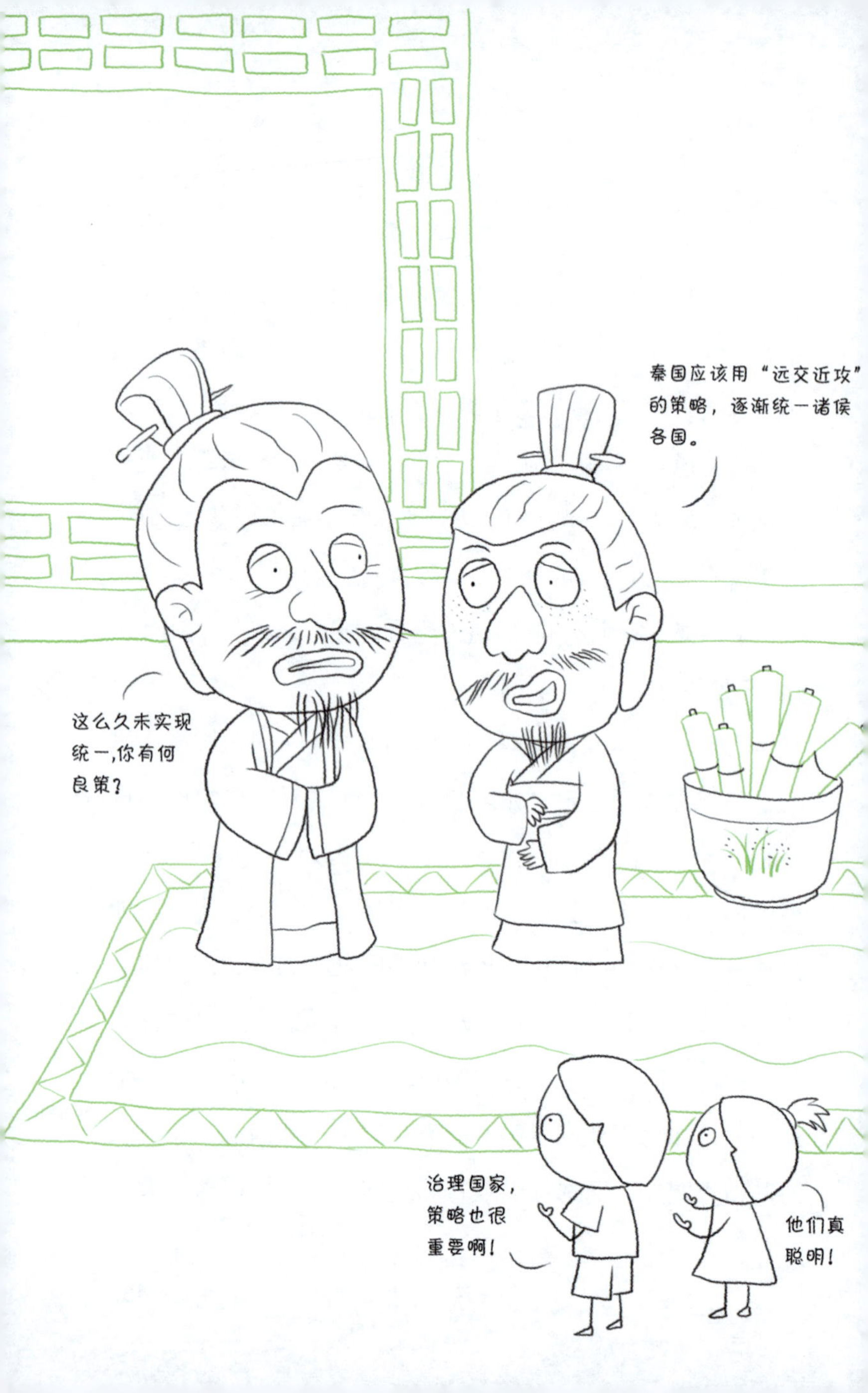
秦国应该用“远交近攻”的策略，逐渐统一诸侯各国。
这么久未实现统一,你有何良策？
治理国家，策略也很重要啊！
他们真聪明！

国的地盘。如今韩魏地处各诸侯国的中央，是天下的枢纽，大王如果想要成就霸业，就一定要先攻下它们。所以眼下最好的方法就是一面跟齐国、楚国交好，另一面则向韩魏两国进攻，当我们把这两国打败后，领土得到扩张，实力也得到了增强，那么齐楚等国也存活不了多久啦。"

秦昭襄王采纳了范雎的"远交近攻"策略，最终使秦国一统天下。

出处　王不如远交而近攻，得寸则王之寸，得尺亦王之尺也。——《战国策》，刘向

释义　原指对远方国家联合、对邻近国家攻占的外交策略。后来指利用关系较远的力量来攻击眼前对手的处世方法。

例举　远交近攻是春秋时期一些诸侯国常用的外交策略。

生活篇

病入膏肓

春秋时期，有一次晋景公得了重病，他听说秦国有一位医术高明的医生叫医缓，于是便派人到秦国请医缓。

医缓还未到达晋国，晋景公这天晚上却做了一个奇怪的梦，他梦见自己得的这种病竟然变成了两个小孩儿。

其中一个小孩儿对另一个小孩儿说："哎，听说没？晋君从秦国请来了医缓，他的医术特别高明，这回咱们可没地儿可逃了。"

另一个小孩琢磨了一下，说道："别担心，其实咱们可以待在'肓'的上面、'膏'的下边，只要我们待在这个地方，无论他怎么用药都奈何不了我们。"

不久，医缓来到晋国，他给晋景公诊脉后，无奈地说道："国君，您这病治不了了。您的病在'肓'的上面、'膏'的下边，灸法不能用，扎针达不到，即便服用汤药，药物的效力也达不到那个地方。"

晋景公听了，心想这大夫果然高明，他所说正好验证了梦中那俩小孩儿的对话，于是便点点头，说："你也甭害怕，治不了就治不了，但你的医术确实高明。"说完，就让人送

了一份厚礼，让医缓回秦国去了。

果然，不久后，晋景公就病死了。

于是，就给后世留下这么一个典故——"病入膏肓"。"膏"在古时候指心尖脂肪，"肓"为心脏与隔膜之间的部位。在中医看来，"膏肓"就是包裹、保护心脏的脂膜，也就是心包。它被认为是人体"最后一道防线"，并且药力达不到此处，越过它，病邪便直指心脏。"病入膏肓"意指病情特别严重，已经到了无法医治的地步，也比喻事态严重到无可挽回的地步。

出处　公梦疾为二竖子，曰："彼良医也，惧伤我，焉逃之？"其一曰："居肓之上，膏之下，若我何？"医至，曰："疾不可为也。在肓之上，膏之下，攻之不可，达之不及，药不至焉，不可为也。"——《左传》，左丘明

释义　形容病情特别严重，无法医治。

例举　这个老人已经病入膏肓，无药可治了。

智子疑邻

宋国有一个富人，他家的院墙因为下大雨坍塌了。

富人的儿子对自己父亲说："父亲，得赶紧修修这院墙。如果不及时修，恐怕会有盗贼进来。"

就在这个时候，邻居家的老爹也过来提醒富人，说道："你这墙塌了，得赶紧修！不然的话，容易闹贼！"

结果，富人太忙了，没在意，觉得拖一两天也没关系。没想到，果然这一天晚上，家里遭贼了，丢失了大量财物。

事情发生之后，富人大赞自己的儿子："你看我儿子多有预见性，他看到墙塌了，就想到可能会有盗贼来我们家。只怪我没有听儿子的话，未及时把坍塌的那堵墙给修好。"

同时，他又转念一想：奇怪了！你说这盗贼是从哪儿来的呢？山里头来的？山里头的盗贼怎么会知道我家的墙坏了呀？不对，邻居家老爹最先知道墙坍塌的事，他还提醒我及时修补墙，说要不补，就会有小偷过来偷东西。我看这是故意掩饰！到我们家来偷盗的，八成就是他！

这就是"智子疑邻"的典故故事。故事中，同样一条建议却因身份不同而遭到了不同的对待。它从多个角度告诉

我们做人做事的道理：要虚心接受正确的意见，不能像富人那样对别人持有偏见；另外，向别人进言要注意自己和听者的关系，以免生出不必要的麻烦。

出处 宋有富人，天雨墙坏。其子曰："不筑，必将有盗。"其邻人之父亦云。暮而果大亡其财，其家甚智其子，而疑邻人之父。——《韩非子》，韩非

释义 通常拿来做交浅不能言深的世故教训。也说明，听别人的意见要选择正确的，而不要看提意见的人与自己的关系，对人不可以有偏见。

例举 客观公正地评价一个人，应该实事求是，决不犯智子疑邻的毛病。

扫雪烹茶

宋初，有位学士叫陶穀，字秀实。有一次，他从外边新买来一名歌妓。这名歌妓原本在党进太尉家谋生，后来也不知道什么原因，她离开了党太尉家，被陶穀所收留，之后便一直待在陶穀身边。党进和陶穀同朝为官，只不过是武夫出身，自然被陶学士这样的文化人看不起。

有一次，陶穀带着这名歌妓经过定陶的时候，正是大冬天，天降大雪。陶穀是位儒雅人士，此时的他兴致大发，忙命歌妓取来雪水，并将其放入炉中来烹煮茶，这就叫"扫雪烹茶"。

或是出于好奇，或者想要炫耀，陶穀一边烹茶，一边问这名歌妓："你的前主人党太尉家可有'扫雪烹茶'呀？"言外之意，党进太尉他哪是一个风雅之士，哪能有这样的风雅之为？

这名歌妓心思机巧，言语中听出来新主人有寒酸旧主人的意思，然后笑着回答道："党太尉是个粗人，哪里会有您这样的雅兴呢？只不过，一到冬天，他就会坐入销金暖帐中，吃点烤肉，喝点羊羔酒罢了。"

党太尉家可有"扫雪烹茶"这等风雅之事呀？

党太尉只会在冬天吃点烤肉、喝点羊羔酒罢了。

这就是"扫雪烹茶"的故事，这个典故来自文人雅士之家的冬日生活，同时也是文人墨客最喜欢引用的典故，以示高雅不俗的文化品位。

出处 陶学士榖，买得党太尉故妓。取雪水烹团茶，谓妓曰："党家应不识此。"妓曰："彼粗人，安得有此。但能销金帐下，浅酌低唱，饮羊羔美酒耳。"——《湘湖近事》，作者不详

释义 指古代文人雅士之家的冬日生活，或者用来吟咏雪景。

例举 这位画家冬天隐居山村，焚香作画、扫雪烹茶，日子过得太惬意了。

纸醉金迷

唐朝末年，长安有一位专治毒疮的名医叫孟斧。无论病人身上长了什么疮，只要找他医治，一定药到病除，连宫中的皇帝、娘娘生了毒疮也都请孟斧进宫诊治。孟斧治好了皇上、娘娘的病，得了很多赏钱。同时，孟斧也被雕龙画凤、金碧辉煌的皇宫给迷住了，心想：皇宫果然非寻常人家可比啊！我什么时候才能过上这样的生活啊！他仔细留意着皇宫的建筑和装饰，想着以后有机会也可以仿照皇宫改造一下自己的屋舍，以此来改善一下自己的生活。

没想到，他的想法还没实现，大唐就发生了变故。黄巢领导的起义军叛变攻打长安，整座长安城一片混乱。为了躲避战乱，孟斧带着一家老小逃到了四川，继续在这里行医。由于医术高明，没多久，孟斧便富起来了。

此时的他对曾经去过的皇宫仍然记忆犹新，于是在购置新房后便决定将其中一个房间仿照皇宫的样子装饰一下。他找来了能工巧匠，让他们依照自己的描述开始装修。

这间房屋小巧玲珑，窗户明亮，孟斧让师傅将室内所有的橱柜、桌子、椅子等家具的表面全贴了一层金箔。打开

窗户，阳光透进窗口照射在这些用金箔包着的家具、器皿上，整个屋子金碧辉煌、光彩夺目。孟斧自己躺在这座房屋里，心里也特别满足。

从此以后，每当有亲朋好友来做客，孟斧都要邀请他们参观这个房间，参观后大家都会赞叹不已，并且很多人回去后都会对别人说："在孟斧那个贴金箔的小屋子待一会儿，便能令人纸醉金迷！"

出处 有一小室，窗牖焕明，器皆金饰，纸光莹白，金彩夺目，所亲见之，归语人曰："此室暂憩，令人金迷纸醉。"——《清异录》，陶毅

释义 本意指人被光芒四射的金纸迷住。后来，人们经常用这个词来形容奢侈豪华腐朽享乐的生活。

例举 某某贪官整天过着灯红酒绿、纸醉金迷的腐朽生活。

🪶 胸中块垒

魏晋时期，有个著名的名士组合叫"竹林七贤"，其中有位名士叫阮籍，他的父亲叫阮瑀，乃是著名的建安七子之一，官拜魏国的丞相掾。由于家庭的熏陶，阮籍八岁就能诗文。

"竹林七贤"基本上都好酒，阮籍可以说嗜酒如命，他曾经连续大醉六十天！

早年，阮籍也曾热衷政治和功名，当过曹魏的尚书郎，为曹魏当权派曹爽服务。结果没干多久，就托病辞职了。

没想到，一年之后，司马懿发动政变，杀掉了曹爽。原先跟随曹爽的官员几乎都受到了牵连，唯独阮籍幸免于难，很多人佩服阮籍有远见。

随着政治形势的变化，阮籍的思想也发生了转变，他不再像之前那么热衷政治和功名了。尤其司马氏掌权后，阮籍对政治更加失望了。他同情曹魏，而且反感司马氏的虚伪。曹爽被司马懿所杀，司马氏独专朝政。阮籍对司马氏集团怀有不满，但是，他又不敢与其决裂。处于这种纠结矛盾状态中的阮籍，内心深处无比痛苦，这也是他为什么

总喝酒的原因。

所以，当时就有人说："阮籍胸中垒块，故须酒浇之。"这就是"胸中块垒"的典故故事，这一词通常用来比喻心中郁积的不平之气。

出处 王孝伯问王大："阮籍何如司马相如？"王大曰："阮籍胸中垒块，故须酒浇之。"——《世说新语》，刘义庆

释义 指代有才华，却得不到施展，无可奈何，只能借酒浇愁。也比喻心中郁积的不平之气。

例举 我这胸中块垒不是一时半会能化解得了的。

囊中羞涩

东晋有位名人叫阮孚，他是"竹林七贤"之一阮咸的儿子，此人性格孤傲，放荡不羁，不与权贵同流合污，整日衣冠不整，饮酒游玩，而且从来不打理自己的家产，因此很多时候生活都比较贫困。

有一次，阮孚喝酒喝得正起劲，一摸没钱了，怎么办呢？他想到了自己的金貂（汉以后皇帝左右侍臣的冠饰），便对店小二说："我拿这金貂换酒喝！""金貂换酒"这一典故就是他留下来的。金貂都被他拿去换酒了，阮孚贫困的生活可想而知。

有一回，阮孚拿着一个皂囊（黑色的小锦囊），跑到会稽游玩。

大家一看，他老拿着一个小锦囊，有人就问："你这囊中是何物啊？看也不鼓，好像什么都没有，但你为什么还时常拿着它呢？它有什么与众不同吗？"

阮孚回答道："这锦囊没什么不同，不过里面只装了一枚钱币。不信，你们看看。"

拉开这个小锦囊，让大家一看，里面果然孤零零就只有

一枚钱币。

阮孚接着说："我在袋中只放一枚钱币，主要是担心袋子因为没有装任何东西而感到羞涩惭愧，所以用这一枚钱币来安慰袋子。"

这就是"囊中羞涩"的故事，它用来形容口袋里没钱的窘迫状况。明明缺钱而生活窘迫的是自己，阮孚却调侃袋子羞涩，足见阮孚性格中豁达的一面。

出处 阮孚持一皂囊，游会稽。客问："囊中何物？"曰："但有一钱看囊，恐其羞涩。"——《韵府群玉》，阴幼遇

释义 比喻一个人经济困难、兜里没钱；也是某人经济不宽裕的一种委婉说法。

例举 真不好意思，最近囊中羞涩，只能向您伸手借钱，以解燃眉之急。

染指于鼎

　　春秋战国时期，有一日，郑国大夫子公和子家一同要去见国君郑灵公。走到宫门口，子公对子家说："你看！"只见子公的食指在"抖动"，子公又说："说了你可能不信，每当我的食指不自觉地抖动时，便能尝到新奇的美味。"子家半信半疑，两人就进宫了。

　　走进宫廷，只见国君郑灵公居中而坐，士大夫们排坐两旁。中间有个大方桌，一个厨师正在那儿拆解一只大甲鱼，这是楚国进献给郑灵公的，郑灵公决定赏赐给群臣吃。

　　子公、子家坐好后，子家忍不住朝子公跷了跷大拇指，子公洋洋得意，把脑袋一晃，两人相视而笑。

　　他们这一笑，被郑灵公看见了，就问子家："因何在席间发笑？"子家觉得这事儿挺有意思，也没有隐瞒，就把刚才在宫门外的事情给郑灵公说了一遍。郑灵公嘴上没说什么，心里暗自与子公较劲，心想：我今天非得让你子公出出丑，我偏不给你吃甲鱼，让你不灵！

　　这个时候，在厅堂已经支起来一口大鼎，下边架起火来，里面煮上了甲鱼。不一会儿，甲鱼便烹调好了，香气扑鼻。

郑灵公让侍从给大家分餐。每个大夫面前一盘甲鱼肉，但唯独子公面前什么都没有。开始，子公还以为没轮到自己，后来，子公一看大家都吃上了，也没自己的。明白了，这是国君故意这样做。

子公那可是郑国数一数二的大臣，哪能受得了这样的侮辱。他一怒之下站起身来，走近大鼎，伸出食指往鼎里一蘸，这就叫"染指于鼎"，蘸完之后他把手缩回来放到嘴里尝了尝，理也没理郑灵公，转身出了王宫……

这还了得？在当时，鼎可是权力的象征。染指于鼎那就是对郑王权力的觊觎和挑战。郑灵公哪能容忍子公这样做？于是，他便想除掉子公。哪料想，子公先下手为强，与子家一起发动政变，把郑灵公给杀了。此事虽起于口腹之欲，然而最终却导致一个国家陷于水火之中。

出处 公问之，子家以告，及食大夫鼋，召子公而弗与也。子公怒，染指于鼎，尝之而出。——《左传》，左丘明

释义 又称"染指"，比喻对不该得到的东西垂涎三尺，想方设法要把它得到的行为。

例举 "染指于鼎"的故事虽起于口腹之欲，但最终却让郑国陷入灾难。

八拜之交

北宋名臣文彦博听说龙图阁直学士李稷待人十分傲慢，心中十分不快。他对人说："李稷的父亲曾经是我的门人。如果按辈分，他应该是我的晚辈。现在，小李稷待人如此傲慢，老夫非得找机会教训教训他不可！"

后来，朝廷任命文彦博为北京守备。李稷作为文彦博的晚辈，听到这个消息，按照礼数，赶紧前来登门道贺。

文彦博故意让李稷在客厅等了很久，这才不紧不慢地走了出来，问道："哪位来拜见老夫啊？"

李稷一看，赶紧起身走过去说道："晚辈李稷拜见文大人……"

谁知文彦博没等李稷施礼，用手就把李稷胳膊给托着了，说："哪能如此施礼呢？你的父亲是我的门客，按照辈分，你是晚辈呀，晚辈来见长辈，就得施大礼，不如你就对我施八拜之礼吧！"

李稷一听，尽管内心很不愿意，但又考虑到自己辈分确实低，不敢不拜，无奈之下，只好向文彦博拜了八拜。

就这样，文彦博以长辈的身份挫了李稷的傲气，成语

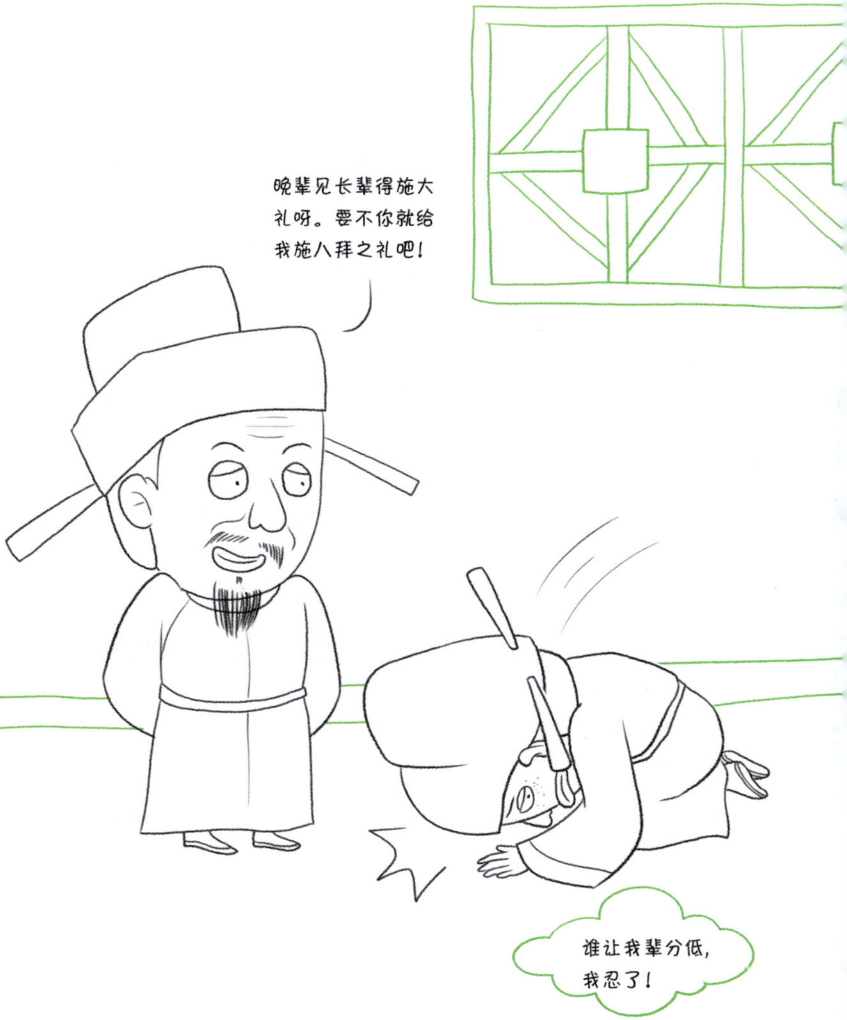
晚辈见长辈得施大礼呀。要不你就给我施八拜之礼吧！
谁让我辈分低，我忍了！

"八拜之交"由此出典。

"八拜之交"在古代是世代有交情的两家弟子谒见对方长辈时的礼节，也指异姓结拜兄弟。历史上有名的"八拜之交"有：管仲和鲍叔牙的"管鲍之交"；伯牙和子期的"知音之交"；廉颇、蔺相如的"刎颈之交"；羊角哀和左伯桃的"舍命之交"；陈重和雷义的"胶漆之交"；张劭和范式的"鸡黍之交"；孔融和祢衡的"忘年之交"；刘关张的"生死之交"。

出处 公至北京，李稷谒见，坐客次，久之，公着道服出，语之曰："而父吾客也，只八拜。"稷不获已，如数拜之。——《邵氏闻见前录》，邵伯温

释义 表示世代有交情的两家子弟谒见对方长辈时的礼节；也指异姓结拜兄弟。

例举 刘备、关羽、张飞在桃园结为八拜之交，共图大业。

千万买邻

南北朝时期，南朝有个人叫吕僧珍，字元瑜，乃是东平郡范县人，世居广陵。此人是位饱学之士，生性诚恳老实，待人忠实厚道，从来不跟人家耍心眼儿。另外，吕门家教甚严，吕僧珍对自己的每一个晚辈都耐心教导、严格要求，并且注意监督，由此，吕家形成了优良的家风，并在当地广为流传。外界对吕氏家族的每一位成员评价都很高，认为他们不仅待人和气，而且品行端正。

当时南康郡守季雅也是一位正直之人，他为官清廉，秉公执法，性格耿直。这样的官员，往往会得罪很多人，所以，当时很多权贵都视季雅为眼中钉、肉中刺，这些官员在背后设计陷害季雅，季雅最终被革职了。

原来当官的时候，朝廷提供免费的住宅，这是当官的福利。可现在被罢官了，成了布衣，就没地方住了。于是，季雅便在吕僧珍家旁边买了座房子，从此跟吕僧珍做起了邻居。

季雅也是一位名士，他很快便与吕僧珍熟络了，他们成了好朋友，两人经常往来。

有一次，吕僧珍就问："季雅，这座房子你花了多少钱啊？"

季雅说："这房子可贵了，我为买这座房子花了一千一百万！"

"啊？一千一百万！这么贵！"吕僧珍大吃一惊。

季雅乐呵呵地一摆手，说道："一点也不贵！为什么这么说呢？我是一百万买房子，一千万买了个好邻居啊！"

吕僧珍听后想了一会儿才明白过来，于是也跟着笑了起来。

出处 初，宋季雅罢南康郡，市宅居僧珍宅侧。僧珍问宅价，曰："一千一百万。"怪其贵，季雅曰："一百万买宅，千万买邻。"——《南史》，李延寿

释义 形容某人不惜代价选择好邻居；也指好邻居的难能可贵。

例举 这个小区居住的都是饱学之士，所以很多人抱着千万买邻的想法来购买这个小区的房产。

黄耳寄书

西晋时期，有一位著名的文学家叫陆机。年轻的时候，有人送给他一只骏犬，由于此犬两只耳朵全为黄色，所以陆机就给它取名叫"黄耳"。

后来，陆机到洛阳做官，黄耳也跟着主人一起来到了洛阳。黄耳非常机灵，它特别善解人意。曾有人将它借出三百里外，它竟认识路自己跑回了家。

陆机由于在京城做官，很久跟老家没有往来书信了。一天，陆机摸着黄耳的脑袋，开玩笑地说："你能不能替我送封信回老家，以此来传达消息呢？"黄耳当时高兴得尾巴直摇，"汪汪"直叫，表示愿意。于是，陆机就试着写了一封信，塞在一个竹筒当中，用蜡封好，并将其套在狗的脖子上。

黄耳跑出家门，顺着驿站，直奔吴地。在路上饿了，它就找一些野食充饥，然后继续走。遇到大河挡路它就站在河边儿等。一旦看到有渡河之人，黄耳就赶紧跑过去，摇着尾巴，请求渡河人帮助自己渡船过河。就这样，聪明的黄耳跋山涉水，终于跑回了老家。

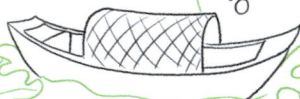

一进家门，黄耳围着陆家的人直转悠，嘴里还叼着竹筒。家人打开竹筒一看，原来是陆机的书信，真是又惊又喜，等家人看完信，黄耳又冲大家叫了起来，什么意思呢？这是要求家人写回信呢！陆机的家人又写了回信，同样放到竹筒之内，用蜡封好了，又套回黄耳的脖子，黄耳得到回信之后，又从原路飞奔回了洛阳。

　　从陆机的老家到洛阳，如果派人专门送信，来回得五十天，但黄耳仅仅用了二十五天，不得不说，黄耳真是一条聪明的狗。

出处　机羁旅京师，久无家问，因戏语犬曰："我家绝无书信，汝能赍书驰取消息不？"犬喜摇尾，作声应之。机试为书，盛以竹筒，系之犬颈……计人程五旬，而犬往还才半月。——《述异记》，任昉

释义　用"黄耳寄书"借指传递书信；用"黄耳"来指传递信息的人；用"黄犬书"来指书信消息。

例举　黄耳寄书是一则介绍小狗为主人传递家书的成语典故。

东床快婿

东晋时期有位重臣叫郗鉴，他也是一位杰出的书法家，官拜太傅。郗鉴有个女儿名叫郗璿，字子房，此女不仅天生丽质、容貌可人，而且书法造诣深厚，曾被誉为"女中笔仙"，父亲郗鉴视其为掌上明珠。

转眼，郗璿已到婚嫁年龄，父亲郗鉴当然想找一位与自己女儿般配的女婿。郗鉴在建康一打听，人们都说丞相王导家子弟众多，而且个个都才貌俱佳，于是郗鉴希望能在王氏子弟中为女儿找到女婿。

一天早朝后，郗鉴把自己择婿的想法告诉了王导，王导知道郗鉴女儿才貌双全，得知郗鉴的想法后感到特别欣慰，说道："王郗联姻，我很赞同。我家子弟众多，就由您到家里挑选吧！凡是您相中的，不管是谁，我都同意。"

于是，郗鉴就命管家，带上厚礼，来到王丞相家。王府子弟听说郗鉴派人来挑女婿，个个都铆足了劲儿，把自己好好打扮一番后才出来相见，他们都希望自己能被选中。

管家看来看去，感觉王家子弟个个都很不错，最后，他来到了东院书房，只见床上有一个袒腹侧卧的青年边吃着

胡饼，边在想着什么，别人问他话，他也不搭理。此人便是大书法家王羲之，原来他在来相府的路上对着知名书法家的字碑欣赏了很久，竟然把相亲的事给忘了，当他急急忙忙赶到相府时，因为天气炎热，就随手将外衣脱掉了，于是便出现了上述情景。

管家回到府中，将情况告知郗鉴，郗鉴听后，哈哈笑道："我要选的就是他了！"

"东床快婿"其实就是大名鼎鼎的书法家王羲之，除此之外，他还被后人称为"书圣"。

出处 郗虞卿闻王氏诸子皆俊，令使选婿。诸子皆饰容以待客，羲之独坦腹东床，啮胡饼，神色自若，使具以告。虞卿曰："此真吾子婿也。"问为谁，果是逸少，乃妻之。——《晋书》，王隐

释义 指为人豁达，才能出众的女婿。是对女婿的美称。

例举 这位就是刘局长的东床快婿。

舐犊情深

三国时期，曹操手下有位主簿叫杨修，他是汉末著名的文学家。杨修才思敏捷，但却恃才放旷，经常在曹操面前耍小聪明，致使曹操对他越来越不满意。

曹操每次与曹植议事，见他都能对答如流，不免心生疑问，他根本不知道这是杨修事先替曹植准备好了答案的结果。曹操的长子曹丕买通关系，得知了这一秘密，并将其告知了曹操，曹操这才恍然大悟，知道又是杨修在捣鬼，便更加猜忌杨修。后来曹操出兵汉中时，终于找了个借口，把杨修杀了。

事后，曹操遇到了杨修的老父亲杨彪，见老人家身形消瘦，精神欠佳，便关切地问道："多日不见，先生为何瘦得如此厉害？"

杨彪叹口气，回了曹操一句话："我愧无日磾先见之明，犹怀老牛舐犊之爱。"

什么意思呢？日磾就是金日磾，他是昔日汉武帝的近臣、匈奴太子。金日磾有两个儿子，汉武帝非常喜爱他们，便让他们在宫中侍奉。后来金日磾发现自己的两个儿子竟

多日不见，先生为何瘦得如此厉害？

我自愧没有先见之明，但仍有老牛舔小牛的亲子之爱呀！

然淫乱宫中，为了防止以后生出祸患，一狠心就把他俩杀了。

　　杨彪这句话意思就是：我自愧没有金日磾那样的先见之明，但仍有老牛舔小牛那样的亲子之爱呀！委婉地表达了自己痛失爱子的沉重心情。曹操听后，心里也十分过意不去。"舐犊情深"便典出于此。

出处　后子修为曹操所杀，操见彪，问曰："公何瘦之甚？"对曰："愧无日磾先见之明，犹怀老牛舐犊之爱。"操为之改容。——《后汉书》，范晔

释义　人们用"先见之明"表示人有见解，能够预测未来事物的发展变化；用"老牛舐犊"或"舐犊情深""舐犊之爱"比喻父母爱护子女。

例举　母亲日夜不休地守在儿子病榻前，舐犊情深的模样令人感动。

孟母三迁

　　在中华民族五千年光辉的历史长河中，流芳千古的英雄人物数不胜数，在他们背后，无不默默矗立着一位伟大母亲，这些母亲很多都未名留史册，但人们依旧记住了她们中的代表，那就是古代"四大贤母"，孟母便是其中之一。

　　孟母是孟子孟轲的母亲，孟子在很小的时候父亲便去世，他由母亲一手抚养长大。母亲不仅精心地照顾着孟子的生活，而且还特别重视教育。为了能让孩子有一个好的学习环境，孟母曾经三次搬家，"孟母三迁"便典出于此。

　　孟子小时候比较贪玩，最开始母子俩居住的地方靠近墓地，这里经常会有一些出殡、祭祀之类的事，孟子见多了，也学了起来，与其他孩子一起玩起了办理丧事的游戏。孟母一看，不行！这样的环境不利于孩子学习。怎么办？搬家！

　　之后，母子俩搬到了城里，并且住的地方离集市很近。这回孟子倒是不"办丧事"了，不过又学会了一项新本领，开始跟着市场上的一些商人学习做买卖，那叫卖声还学得有模有样。孟母一看，这地方也不行，还得搬家！

学宫

学生拜见
老师！

这个地方最适合
孩子学习！就搬
这儿了！

这一次，他们住的地方离学宫很近，就在学宫隔壁。自那以后，孟子便跟着学宫里的老师、学生们学会了鞠躬行礼及进退的礼节。

孟母这回满意了，说道："这个地方最适合孩子学习！"于是，就在这里定居了。

就这样，孟子在这么优良的学习环境下慢慢长大了，最终学成了六艺，并成为一代大儒。

出处 复徙舍学宫之傍。其嬉游乃设俎豆揖让进退。孟母曰："真可以居吾子矣。"遂居之。及孟子长，学六艺，卒成大儒之名。君子谓孟母善以渐化。——《列女传》，刘向

释义 孟子的母亲为选择良好的环境教育孩子，三次迁居。形容育子有方。

例举 为了孩子有一个良好的环境，她真做到了孟母三迁，搬了好几次家。

📖 举案齐眉

东汉时期，有个书生叫梁鸿。梁鸿幼时孤贫，但勤奋好学，曾经受业于太学，学成之后回到家乡，父老乡亲都仰慕他高洁的品格和渊博的学识，都想把自己女儿许配给他，于是纷纷上门说媒提亲，但都被梁鸿拒绝了。

有户姓孟的人家，家里有位姑娘，长得又胖又丑又黑，力气大到可以举起石臼。这位姑娘已年到三十，但仍没嫁出去，她也想嫁给梁鸿，孟父大吃一惊，对女儿说："女儿啊，梁鸿可是扶风平陵一等一的才子，很多人上门提亲，都被他拒绝了，他哪能相中你啊？"

没想到，这个事儿被梁鸿知道了，梁鸿居然立刻派人带着聘礼上门提亲，说："我愿意娶孟姑娘为妻。"孟家老两口特别开心，马上答应了这门亲事。

孟姑娘让父母为自己准备好布衣、草鞋，再给自己准备好纺织用的一些用具。然后，穿上绫罗绸缎的新衣，戴上簪环首饰，精心打扮一番，就嫁入了梁家。

但进门之后，一晃七天过去了，丈夫梁鸿一直对她冷若冰霜，不理不睬。妻子问梁鸿原因。梁鸿说："我一直想

求娶的是那种朴实的、能够勤俭持家的妻子，而不是衣着华丽，头上戴满簪环的人。"妻子听后，欣慰地说道："夫君，其实我穿成这样，是为了试探你，看你我志向是否一致。我有的是持家的布衣啊！"说完，妻子换上布衣，提着那些纺织器具来到梁鸿面前。梁鸿一见大喜，说："这才是我梁鸿真正的妻子啊！"

后来，梁鸿夫妻俩来到吴地，以劳动为生。梁鸿替人舂米，每天干完活，回到家里，妻子孟光总是把饭菜准备好，放在托盘里，双手捧着走到丈夫面前，把托盘举得跟自己眉毛一般高，恭敬地侍奉丈夫。梁鸿也非常尊重妻子，用双手把这饭菜接过来。他们就这样相敬如宾、相亲相爱地生活了一辈子。

出处 遂至吴，依大家皋伯通，居庑下，为人赁舂。每归，妻为具食，不敢于鸿前仰视，举案齐眉。——《后汉书》，范晔

释义 送饭时把托盘举得跟眉毛一样高。后形容夫妻互相尊敬。

例举 夫妻二人成婚后很少吵架，举案齐眉、相敬如宾。

牛衣对泣

西汉末年，有位书生叫王章，家境非常贫苦，但是读书非常努力。后来，作为诸生来到长安太学学习。

王章带着自己的妻子在长安租了一间小屋住下，生活十分艰难。有一次，王章病了，因为没钱请大夫医治，病情一天比一天严重。他发起了高烧，浑身发冷，而此时家里根本没被子盖，于是妻子赶紧给他找了一些牛衣盖在了身上。牛衣就是用乱麻、草编织的像蓑衣一样的东西，这在当时是披在牛身上给牛御寒用的。王章蜷缩在牛衣里，冷得仍然浑身打哆嗦。

最后，王章觉得自己不行了，他看着妻子，眼泪掉了下来，说道："夫人啊，我恐怕是不行了，大限已至，你我夫妻就要永别了……"

一听这话，王章的妻子生气了，斥责丈夫："仲卿！你胡说什么！你看看，朝廷当中那些尊贵之人有哪一个人的学识、品德能超过你？现在你只不过被重病困住了，更应该不断地激励自己，这才算男子汉大丈夫。你看看你，不但不勉励自己，反倒是哭起来了，多没出息！"王章的妻

现在你只不过重病而已，男子汉大丈夫要勉励自己！

对！没死就有希望，我得努力活着！

子哭着把丈夫骂醒了。

王章一琢磨：妻子说得没错，只要有一线生机，都应该努力地活着！于是，内心便产生了生的希望，他强打精神与病魔做斗争，最后终于战胜了疾病。病好之后，王章更加发奋读书，终于成了有用之才。

人们一般用"牛衣对泣"来形容夫妻共守贫穷。贫贱不移夫妇真情，它曾激励很多志士仁人奋发图强，积极向上。

出处 章疾病，无被，卧牛衣中，与妻决，涕泣。其妻呵怒之曰："仲卿！京师尊贵在朝廷人谁逾仲卿者？今疾病困厄，不自激卬，乃反涕泣，何鄙也！"——《汉书》，班固

释义 代指贫贱夫妻共守贫穷。

例举 想起过去那段牛衣对泣的贫困日子，夫妻俩不禁掉下泪来。

励志篇

凿壁偷光

在西汉时期，有个孩子姓匡名衡，他非常爱好读书，但因家境贫寒，没钱买书，所以他只能向别人借书看。

书是有了，但读书时间又出现了问题，白天光忙着干活了，只有到了晚上才有时间看书，晚上家里太穷，点不起灯，黑灯瞎火的怎么读书啊？匡衡很着急，他突然发现墙上有一道光！原来，与邻居家挨着的那堵墙因为年久失修中间裂了一条缝，这道光正是从这条缝隙射进来的。别看这道光很微弱，但对匡衡来说却很珍贵，他赶紧拿着书蹭过去，借着这道小光努力地看着……

不过，读一会儿，他就感觉眼睛很酸胀了。匡衡想：光线还是有点暗，如果缝隙再大点，不就更亮了吗？想到这里，他赶紧找工具，在墙上凿出了一个小洞，就这样一束光穿洞而过！匡衡高兴坏了，他每天都能在这束光下好好读书了。

就这样，他孜孜不倦地读了一卷又一卷书，最后终于成为一代经学大家！而且还做了大官，官至丞相！

这就是"凿壁偷光"的典故。我们应该学习匡衡没有条

他真聪明，而且这么刻苦，怪不得会成为大学问家！

我要帮他多凿几个洞防止他以后近视。

件创造条件也要学习的这种精神，更应该珍惜现在优越的学习环境。

出处 匡衡，字稚圭，勤学而无烛。邻舍有烛而不逮，衡乃穿壁引其光，以书映光而读之。——《西京杂记》，刘歆

释义 形容勤学苦读、十分刻苦。

例举 学习需要毅力和恒心，要有凿壁偷光、锲而不舍的精神。

画荻学书

北宋有一位大文学家叫欧阳修，乃是唐宋八大家之一，他学问非常渊博，不仅与人合编过关于前朝的史书《新唐书》，而且还自撰了《新五代史》，它们都被列入了中国正史。

可是这样一位大才子，他的童年生活却比较悲惨。欧阳修四岁便没了父亲，他是由母亲郑氏夫人抚养长大的。郑氏夫人因担心孩子到后夫家受气，所以决定不再改嫁而为丈夫守节。母亲希望欧阳修能够接受好的教育，长大后成才，但当时家里太苦了，没钱供孩子上学读书，于是见识远大又肯吃苦的郑氏夫人便决定亲自教欧阳修读书识字。

没钱买笔墨纸砚，怎么学写字啊？郑氏夫人有主意，她以荻作笔、以地作纸来教欧阳修识字写字。

什么是"荻"啊？它是一种生长在水边的草本植物，形状像芦苇。郑氏夫人把它当笔来使，它的好处就是不用花钱买，河边到处是芦苇，取材很方便。笔的问题解决了，那纸的问题该怎么解决？聪明的母亲自有办法，她以地当纸，直接教孩子在地上写字认字。以地当纸还有一个好处，那就是它不仅免费，而且还可以重复使用。

我们现在条件这么好，有什么理由不好好学习呢？

能在优美的湖边上课，换作我，我也愿意！

就这样，郑氏夫人用"画荻教子"的方法教小欧阳修学习文化知识，最终把他培养成了一代文宗！世人经常用"画荻学书"来称颂慈母教育有方。

出处 欧阳修字永叔，庐陵人。四岁而孤，母郑，守节自誓，亲诲之学，家贫，至以荻画地学书。幼敏悟过人，读书辄成诵。及冠，嶷然有声。——《宋史》，脱脱等

释义 用荻在地上书画教育儿子读书。一般用来称颂母贤，教子有方。

例举 虽然一人带个孩子，生活困苦，但她仍然画荻学书，不忘培养孩子的文化。

铁杵成针

　　这是一个关于唐代大诗人李白的故事。李白小时候天资聪颖，一学就会，过目成诵，慢慢地，他的小尾巴就翘起来了，他想：学习对我来说小儿科，天天坐在屋里读书真是太没劲了。外面风光多好啊，鸟语花香，山清水秀……得了！我玩去喽！于是，李白丢下书本就跑出去玩了。他一会儿爬树掏鸟蛋，一会儿溪边抓游鱼，玩得不亦乐乎。

　　正玩着呢，李白突然听到"噌噌噌"的声音，他顺着声音一看，只见不远处的小溪旁边，有一位老婆婆，她手中握着一根铁杵，正在溪边青石上磨呢！

　　李白很好奇，于是他蹦蹦跳跳来到老婆婆身边问道："老婆婆，您在干什么呢？"老婆婆看了看李白，微笑着说道："我要缝衣服，可找不到绣花针了，所以我想把这铁杵磨成一根针来使""啊？！"李白听了非常吃惊，"您要把这么粗的铁杵磨成细细的绣花针，那可能吗？""怎么不可能啊？孩子，世上就没有不可能的事儿。就像你读书一样，怎么可能一下就成为大学问家呢？那得一本一本读啊，刻苦学习，慢慢地磨，慢慢地练，一点一点地积累，最终才

能成才啊！就像我这根铁杵，只要功夫深，铁杵也能磨成针。孩子，你觉得是不是这个道理啊？"

听完老婆婆的话，李白立刻明白了其中的道理：学习可不能玩小聪明，它需要有锲而不舍、持之以恒的毅力和精神。三天打鱼、两天晒网，这样可不行。李白很惭愧，小脸变得通红，他深深地向老婆婆鞠了一躬："老婆婆，谢谢您的指点！"说完转身跑回了学堂。

"铁杵成针"便典出于此。

出处 世传李白读书象耳山中，学业未成，即弃去。过是溪，逢老媪方磨铁杵，问之，曰："欲作针。"太白感其意，还卒业。——《方舆胜览》，祝穆

释义 比喻只要有决心，肯下功夫，多么难的事也能办成。

例举 学习不要怕困难，要有铁杵成针的毅力。

🏛 专心致志

话说在战国时期，有一个很会下棋的大国手，他的名字叫弈秋。秋是他的名，弈是他的职业，就是棋手。

弈秋收了俩徒弟，决定把自己的棋艺传授给他们。

其中一名徒弟，学习那叫一个专心：他支棱着耳朵，仔细听着老师的每一句话，比如这一招怎么走？这一步怎么下？遇到困境应该怎么解围？什么情况下应该乘胜追击等等，对于这名学生，弈秋教得很认真，学生学得也很认真。

另外一名学生则不然。虽然表面上他在认真地看，也在仔细地听，但实际却是左耳朵进，右耳朵出，心里想的也不是下棋，而是别的事情：我们学习的地方真好啊！自然风光这么美，天空还不时飞过一些珍禽异鸟，这要是一会儿来了鸿鹄，那该多好啊！这样我就可以用弓箭把它们射下来……总之，他与前面那位学生的学习情况截然相反，他表面上在学下棋，但脑子里却想着打猎。

经过一段时间的学习，前面那位学生的棋艺有了突飞猛进的增长，但后面那位学生却始终停滞不前。

孩子们，你们考虑一下：这两个学生一起学习下棋，学

你在想啥呢？要专
心致志听，可不能
三心二意！

哇！这就是那位
很会下棋的大国
手弈秋啊。

习环境是一样的，老师是一样的，那为什么学到最后，后者的棋艺却不如前者呢？

难道是因为后者的智力不如前者吗？其实两者智力相差无几，只是因为在学艺过程中前者专心致志，后者三心二意，最终导致了完全不同的结果。

"专心致志"可是我们在学习、工作中不可缺少的法宝，你们一定要用好它啊！

出处　今夫弈之为数，小数也；不专心致志，则不得也。——《孟子》，孟子

释义　形容一心一意，聚精会神。

例举　只要专心致志、勤学苦练，没有什么学不会的。

学无常师

　　春秋时期，卫国有位大夫叫公孙朝。有一天，他问孔子的弟子子贡："孔仲尼的学问是从哪儿学来的呢？"

　　子贡一听就觉得刺耳了。为什么？因为世俗社会有很多人注重"师承传授"，他们通常会打着自己是"正宗"的招牌去排斥、攻击别人。如果一个人没有"师承"，或者没有好的"师承"，往往会遭到一些人的嘲笑。

　　这回，公孙朝又这般问子贡了："孔仲尼的学问是从哪儿学来的？师承于何人啊？"子贡对这种狭隘的"师承"思维很不满意。要知道，世俗观念的力量是非常大的，有时候，即使我们不认同某种观念，但也难免会受世俗观念的影响，进而对其进行反击和解释。子贡就是如此，他马上反驳公孙朝："周文王、周武王之道失传了吗？没有失传。难道好的道义非得靠某个人才能传承下去吗？不是这样的。文武之道，就在我们周围。对于这些道义，贤能之人领悟得多些，并且他可以抓住文武之道的本质；而普通人则领悟得少些。文武之道无处不在，我的老师在哪儿不能学呢？难道非要有专门的老师传授吗？"

199

事实也正是如此，孔子非常爱好学习，他曾以"三人行，必有我师"来劝勉学生多向别人学习。孔子学无常师，他对一切学问都充满了兴趣，并且虚心向每一位比自己强的人学习，最后终于成了一代大学问家。

这就是"学无常师"的典故故事。

出处 卫公孙朝问于子贡曰："仲尼焉学？"子贡曰："文武之道，未坠于地，在人。贤者识其大者，不贤者识其小者，莫不有文武之道焉，夫子焉不学？而亦何常师之有？"——《论语》，孔子及其弟子

释义 求学没有固定老师。指凡有点学问、长处的人都是老师。

例举 大学问家都是学无常师的，只要看到别人的长处，都会虚心学习。

开卷有益

北宋初年，宋太宗赵匡义命令李昉、李穆、徐铉等学者编写了一部规模宏大的分类百科全书——《太平总类》。之所以叫《太平总类》，是因为当时的年号叫太平兴国，这部书是在太平兴国年间编成的，所以叫《太平总类》。这部书在收集、摘录大量古籍内容的基础上，分为55部，全书总共1000卷，是一部非常有价值的书籍。

这本书编成之后，宋太宗特别高兴，所谓盛世修典，能够在自己当政时期，修著这么一部典籍，那能不高兴吗？于是，宋太宗下定决心，不管花费自己多少精力，都要把这部巨著从头到尾翻阅一遍。

这个消息一经传出，很多臣子都特别担心宋太宗，说："陛下，您日理万机，全天下所有的事儿哪一样您不操心呢？这么忙，您还费这么大力气去看这书，太辛苦、劳神了，您可要小心龙体呀！"

宋太宗一听，摆摆手说："不用担心，开卷有益，朕不以为老也！"

宋太宗这句话的意思是读书这件事有百利而无一害，只

有1000卷呢，我也
要看这部巨著。

要打开或翻开书本看一看，就会对人有益处。所以呢，他并不觉得劳累，也不会感到伤神。

就这样，宋太宗坚持每天阅读三卷，天天如此。如果有一天确实太忙，给耽误了。没关系，今天耽误了，就改天，哪天有时间，宋太宗就把落下的读书任务全给补上。最后，宋太宗花了一年时间，把这部著作全部看完了。

由于宋太宗这个皇帝把这部著作全部阅览过了，所以《太平总类》后来又被更名为《太平御览》。

出处 太宗日阅《御览》三卷，因事有阙，暇日追补之。尝曰："开卷有益，朕不以为劳也。"——《渑水燕谈录》，王辟之

释义 打开书本看一看，就会有收获。

例举 开卷有益，大家要多读书，读好书。

博览群书

庾信，字子山，小字兰成，他是南北朝时期著名的文学家。庾信年幼的时候，就表现出了卓越的才识，他不仅聪慧无比，而且博览群书。在《周书》中第一次出现了"博览群书"这个词，就是说庾信的。

由于天赋异禀、博览群书，庾信写出的文章不仅声律和谐，而且文辞华美绮丽。他和当时另一位叫徐陵的诗人一起任东宫学士，二人后来成为宫体诗的代表作家，其文学风格被称为"徐庾体"。据说，当时的学子对二人是争相效仿，经常刚有文章创作出来，便被人们纷纷传颂。

后来，西魏大军向南征讨，把南梁的梁元帝给杀了。庾信当时正好奉命出使西魏，便被扣留在了长安。由于他有很高的文学修养，他在西魏又再次得到了重用。

再往后，西魏被北周取代了，周孝闵帝继位，庾信仍然受重用，步步高升，还被封了侯爵。

北周的明帝也好、武帝也好，他们都喜好文学，而庾信是文学大家，所以特别受到恩宠礼遇。不但皇帝，当时很多的王公大臣都经常来求庾信给自己写文章。但是，庾信

心里却不太舒服。他一方面身居显贵被尊为文坛宗师，在北方受到皇帝礼遇，和诸位王爷也皆"布衣之交"，但另外一方面，他又深切地思念故国乡土，为自己身仕敌国而感到羞愧，因不得自由而感到怨恨，最终，在隋文帝开皇元年，老死在北方，享年69岁。

出处 信幼而俊迈，聪敏绝伦。博览群书，尤善春秋左氏传。身长八尺，腰带十围，容止颓然，有过人者。——《周书》，令狐德棻主编

释义 广泛阅读各类书籍，形容学识渊博。

例举 这位科学家从小刻苦学习、博览群书，才有今天的成绩。

🎓 百折不挠

在东汉时期，有位名臣，叫桥玄。传说这位桥玄就是三国中大乔、小乔的父亲。到底是不是？并无史料对其记载。历史上记载的桥玄是一位性格刚直、不畏权贵、疾恶如仇的清官。汉灵帝在位期间，他曾担任尚书令。

当时，有一位叫盖升的官员，他在朝中担任太中大夫一职。盖升并不是一位好官，为官期间，他倚仗汉灵帝对自己的宠信大肆收受贿赂，搜刮民脂民膏。这事儿后来被桥玄知道了，桥玄对此非常气愤，它将此事上奏汉灵帝，并弹劾盖升："像这种人，是国家的蛀虫，应该受到法律的严惩！"

但是，汉灵帝昏庸无道，非但没有查办盖升，反倒还升了盖升的职。

桥玄万万没想到，朝堂竟然会如此黑暗！既然如此，还当什么官？尽管当时桥玄身为高官，他还是决定罢官。为了表达自己对贪污势力的反抗，就以生病为由，辞官不干了。

桥玄去世后，当时名臣、东汉文学家、书法家蔡邕，专

门为他写下了《太尉桥玄碑》。碑文这样称赞桥玄："高明卓异，为众桀雄。其性庄，疾华尚朴，有百折不挠、临大节而不可夺之风。"成语"百折不挠"便典出于此。

出处 其性庄，疾华尚朴，有百折不挠，临大节而不可夺之风。——《太尉乔玄碑》，蔡邕

释义 无论受到多少挫折都不退缩。形容意志坚强，品节刚毅。

例举 爱迪生在多次实验失败的情况下，百折不挠，愈挫愈勇，终于找到了合适的灯丝材料。

水滴石穿

西汉初年，吴王刘濞要作乱。他手下的郎中枚乘认为不可，于是就劝吴王：“吴王殿下，所谓福祸自招啊！福的产生有基础，祸的产生有根源，要尽量接受产生福的基础，杜绝产生祸的根源。您做王爷做得好好的，放着福不享，偏偏要去招灾引祸，这不很愚蠢吗？”

那祸从何处而来呢？说到这里，枚乘说了一句话：“泰山之霤穿石，单极之绠断干。水非石之钻，索非木之锯，渐靡使之然也。”意思是说：泰山上流下来的水看似没有什么力量，但时间久了可以穿石，同样的道理，单股的绳索时间久了可以切断树干。水不是穿石的钻，绳也不是锯木的锯，为什么最后却能穿石断干呢？这是逐渐浸润摩擦的结果。

枚乘希望吴王积累德行，了解背信弃义的危害，三思而后行，早早在错误发生前将其消灭在萌芽状态，于是他又这样劝说吴王：“磨和磨刀石，你轻易感觉不到它们的变化，但时间久了，它们就会慢慢被磨损；种树、养牲畜也是一个道理，你天天看也感觉不到它们的生长，但时间长了，它

们都会慢慢长大；积累德行，我们开始也看不出能得到什么好处，但时间长了呢，它自然使人受益；背弃礼仪，起初我们也不知道有什么坏处，但时间长了呢，背弃礼仪者一定会灭亡。所以，希望大王能够慎重考虑，不要把灾祸积少成多啊！"

可惜，枚乘举了这么多例子，把嘴皮子都磨破了，吴王还是不听，于是枚乘离开吴王去投靠梁孝王去了。

后来，刘濞不仅不听枚乘之言，而且还发动了七国之乱，最终兵败被杀。

"水滴石穿"其实就是从"泰山之霤穿石"演变而来的。

出处 泰山之霤穿石，单极之绠断干。水非石之钻，索非木之锯，渐靡使之然也。——《汉书》，班固

释义 比喻力量虽小，只要坚持不懈，事情就能成功。

例举 拥有梦想，就拥有夸父追日的执着，就拥有水滴石穿的坚毅，就拥有飞蛾扑火的无畏。

披荆斩棘

东汉开国皇帝光武帝刘秀手下有员大将，名叫冯异。他原来是新朝的颍川郡郡掾，后来刘秀起兵，他献了城池，归顺了刘秀，并担任主簿。什么是主簿呢？就类似于机要秘书这种职务。

当时，刘秀的军事实力还不强，再加上连年征战，条件异常艰苦，很多立场不坚定者，最后都纷纷离开了刘秀，但冯异却始终忠心耿耿，从不埋怨、动摇。

有一次，刘秀率军经过河北饶阳芜蒌亭的时候，由于长途行军，一路走下来，不得吃、不得喝，士兵们个个饥寒交迫，就连刘秀也有点受不了了。在这危急关头，是冯异想出了熬豆粥的办法帮助大家渡过难关。他从四周搜集了一些豆子，熬成豆粥，端给刘秀，最终抵御了饥寒。部队行进到南宫时，老天又不作美，天降大雨，道路泥泞，寸步难行。军中已然没有粮草了，这时冯异又想方设法搞到一些麦子和饭食，让大家填饱了肚子。

后来，冯异历任偏将军、孟津将军等职，他作战勇猛、善用谋略、治军严明、为人谦逊，在平定河北、征战洛阳

等战役中屡战屡胜，因此更加得到了刘秀的信任和重用。

刘秀即位后，封冯异为阳夏侯、征西大将军，长期在朝外执掌兵权。对此，很多大臣都不放心，怕冯异掌握兵权而造反，于是纷纷上奏光武皇帝要提防冯异。但刘秀用人不疑、疑人不用，尤其对冯异更是深信不疑！

公元 30 年，冯异回到京城洛阳朝拜光武皇帝，刘秀热情地接见了他，并且对在场的文武百官介绍："这位就是朕当年起兵之时的主簿。在朕开创大业道路上，他曾为吾披荆棘、定关中。"成语"披荆斩棘"便来源于此。

出处 帝谓公卿曰："是我起兵时主簿也，为吾披荆棘，定关中。"——《后汉书》，范晔

释义 比喻在前进道路上清除障碍、克服困难。

例举 在西天取经的路上，孙悟空一路披荆斩棘、降妖除魔。

励精图治

公元前 74 年，汉昭帝驾崩。手握朝廷大权的大司马、大将军霍光迎立汉武帝的曾孙刘询（原名刘病已）为帝，这就是历史上有名的汉宣帝。

汉宣帝登基不到六年，霍光病逝。朝中御史大夫魏相认为，霍氏家族这些年独揽朝政大权、胡作非为，已然成了朝廷之大患，因此建议刘询采取措施限制霍氏家族权力的扩大。

不料，这个消息走漏风声。虽然霍光不在了，但霍氏家族的势力还很强大，他们对魏相又痛恨、又畏惧。他们暗自商议，准备假传太后的命令，杀掉魏相，然后废了汉宣帝，并立一个听话的皇帝！

结果，他们的阴谋被汉宣帝知道了。于是，汉宣帝先发制人，抢先一步采取行动，把霍光满门全给杀了，而且株连九族。

把威胁国家的这个大尾巴除掉之后，汉宣帝就开始亲自理政了。《汉书》记载："宣帝始亲万机，厉精为治，练群臣，核名实，而相总领众职，其称上意。"就是说汉宣帝亲

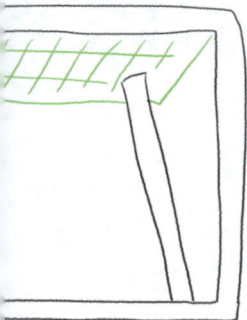

哼，这些贪官简直就是国家的蛀虫，一定要治治他们！

百姓们的小康生活就靠汉宣帝啦！

汉宣帝真的太棒了！

政之后，奋发图强，竭尽全力去治理国家。他虚心听从众大臣的意见，严格考察各级官员的政绩，同时提倡节俭清廉，鼓励发展农业生产。魏相则率领百官恪尽职守，汉宣帝对他非常满意。正是在魏相的辅佐下，汉宣帝采取了一系列恢复和发展生产、减轻人民负担的措施，终于使国家逐渐繁荣昌盛起来，出现了汉室中兴的局面。

"励精图治"这一典故便由此而来。

出处 宣帝始亲万机，厉精为治，练群臣，核名实，而相总领众职，甚称上意。——《汉书》，班固

释义 指君王或者领导者振作精神、力求治理好国家或机构。

例举 唐太宗登基后，励精图治，终于开创了贞观之治的局面。

铁砚磨穿

在五代十国的时候，有个人叫桑维翰，此人长相丑陋，身短面长，可他自认为"七尺之身，不如一尺之面"，并且立志要做公辅，什么叫公辅？就是像诸葛亮那样的辅国能臣。

想做能臣，首先得参加科举，考取功名。于是，桑维翰也参加了科举。等到考试结束，考官拿过卷子一看，此人姓桑，便说道："哎呀，太不吉利了。桑和丧同音啊！我是给国家选官呢，还是给国家选个丧（桑）门星啊？不录取！"

有知情人就把消息给传出来了，说："桑维翰，你为什么没考中功名？别的都不怪，要怪就怪你这个姓。这样看来，只要你还姓'桑'，那你始终都考不过。所以，你干脆就别走科考这条路了，条条大道通罗马，何必专走小木桥啊！"

"不行！"桑维翰脾气也拧，"我就不信了，我就要通过科举谋求功名！"

为了给自己明志，桑维翰写了一篇《日出扶桑赋》，来鼓励自己一定要科举成功。而且，他还弄了一方砚台。别

人的砚台都是用砚石做的，可桑维翰找铁匠用生铁打了一方铁砚！

他托着这厚厚的铁砚给众人看："各位，看见没？看见没？这是我刚刚铸成的一方铁砚。我决心已定，除非把这方铁砚磨穿时，我还是没能科举得中，那我就彻底放弃了。如果这方砚台没被磨穿，我就奔着科举这条道一直走下去！"

桑维翰志向非常坚定，矢志不渝。果然，经过不懈努力，终于科举得中，进士及第。

出处　维翰慨然，乃著日出扶桑赋以见志。又铸铁砚以示人曰："砚弊则改而佗仕。"卒以进士及第。——《新五代史》，欧阳修

释义　形容某个人意志坚定、矢志不移。

例举　今天与会者都是铁砚磨穿的教授、学究。

闻鸡起舞

东晋有个世家子弟叫祖逖，他为人明事理、轻财物、重侠义、有志操，被大家赞为王佐之才。

祖逖有一好友叫刘琨，他与祖逖同任司州主簿。两个人志同道合，感情特别好，食则同桌、卧则同榻。他俩经常谈论时事，并且相互勉励："如果天下大乱，豪杰并起，你我二人应在中原干出一番事业！"

一日，两人正在卧床睡觉，凌晨时分，外面公鸡开始打鸣。祖逖从睡梦中醒来，他叫醒了睡在自己旁边的刘琨，刘琨迷糊着说："大晚上不睡觉，干吗呢？"祖逖说："你听，外面有鸡叫！"刘琨说："这都快天亮了，有鸡叫不正常吗？快快睡觉吧，俗话说得好，骑马坐轿不如黎明睡觉啊……"祖逖又推了一把刘琨，说道："别睡了！咱该起床了，咱该锻炼身体、练习武艺了！"

就这样，祖逖把刘琨拽了起来，两人一起来到院中舞剑。这就是成语"闻鸡起舞"的故事。

从这一天起，两人每天一听到鸡叫，就起床练剑，冬去春来，寒来暑往，从未间断，功夫不负有心人，经过长期

小嘴巴真馋!

每天我都叫你们
起床练剑，你们
是不是该多奖励
我点吃的?

的刻苦学习和训练，两人终于成了能文能武的全才。

出处 与司空刘琨俱为司州主簿，情好绸缪，共被同寝。中夜闻荒鸡鸣，蹴琨觉曰："此非恶声也。"因起舞。——《晋书》，房玄龄等

释义 原意指听到鸡鸣就起来舞剑。后比喻有志报国的人及时奋起。

例举 岳飞从小立下报国志向，闻鸡起舞，苦练武艺，最后终于成为一位精忠报国的民族英雄。

卧薪尝胆

春秋末期，吴越争霸。吴王夫差打败了越王勾践，兵围会稽山。勾践屈膝称臣，被迫向吴国投降，带着夫人和大臣范蠡在吴国为奴。他身穿粗衣，住着小窝棚，每天给吴王养马驾车。

勾践在吴国为奴三年，受尽了折磨和凌辱。后来，吴王夫差觉得越王勾践的确已然臣服了，不可能再起兵反抗了，于是便将他和他的夫人、随从释放回国了。

勾践回国之后，发愤图强，暗下决心：我不能忘记战败之痛、奴役之苦、三年之辱！他发誓一定要灭掉吴国，以雪前耻！

勾践真有恒心，他仍然穿着粗布衣衫，吃着粗茶淡饭。这还不够，他还在自己坐卧之处悬挂了一枚苦胆，自己坐卧吃喝的时候就尝一尝，不让自己忘记过去的苦难。

正因为越王时刻警醒自己、励精图治，越国的经济和军事实力都得到了长足的发展。十年生计、十年教训，最后终于消灭了吴国，一雪前耻。

后人以此典故形容人刻苦自励，发愤图强，立志报仇雪

他为什么每天都
要尝苦胆呢？快
吃点蜜枣吧！这
样就不苦了。

苦胆能提醒他时刻记得
在吴国受的耻辱。

耻，或以"会稽耻"借指亡国之耻。

出处 吴既赦越，越王句践反国，乃苦身焦思，置胆于坐，坐卧即仰胆，饮食亦尝胆也。——《史记》，司马迁

释义 形容一个人忍辱负重、发愤图强，最终苦尽甘来。

例举 我们要学习古人卧薪尝胆的精神，发愤图强，振兴中华。

长风破浪

南北朝时期，南朝宋有一个人叫宗悫。他的叔叔叫宗炳，乃是东晋著名的书画家，志行高洁，但不肯为官。宗悫出生在这么一个儒学之家，从小不太爱文，却偏好武事，所以大家都觉得这孩子没什么出息。

等到宗悫十四岁的时候，哥哥宗泌结婚，家里张灯结彩办喜事儿，热闹极了。这一吹吹打打，就引起了一伙强盗的注意：这家办事儿呢！肯定收了不少贺礼和份子钱。今晚新郎新娘洞房花烛，咱们正好趁此机会，溜到他们家打劫去！

当天晚上，十几个强盗明火执仗闯到宗悫家打劫。众人吓坏了。全家都是读书人，手无缚鸡之力，哪敢阻挡强盗啊！就在这时，突然有人大喝了一声："大胆强盗，还不束手就擒！"

强盗们先是吓了一跳，等转身一看，嗨，原来只是个十多岁的孩子。谁呀？是宗悫。"哎！小毛孩，赶紧滚，否则，宰了你！"强盗手握锋利的匕首，想吓跑宗悫。他们哪知道，宗悫虽然才十四岁，但一身武艺。他大叫一声，仗剑挺身

而出，直取强盗。一交手，十来个强盗联合起来都不是宗悫一个人的对手，最后他们被打得落花流水，四下溃散。

叔叔宗炳高兴了，握着侄儿的手，感慨万分："悫儿，你长大之后有什么志向啊？"

只见宗悫把小脸一扬、胸脯一挺，大声说了一句千古名言："孩儿我愿乘长风破万里浪！干一番伟大的事业！"

果然，宗悫后来真就成了南朝宋的一位平叛大将军。

出处　悫年少时，炳问其志，悫曰："愿乘长风，破万里浪。"——《宋书》，沈约

释义　形容志向宏伟远大，不畏艰险，奋勇向前。

例举　长风破浪会有时，直挂云帆济沧海。

🏛 志在四方

春秋时期，晋国公子重耳为了躲避国内的政治迫害而四处走国，有一阵子就躲到了齐国。当时齐国的国君，正是春秋五霸之首的齐桓公。齐桓公很看重重耳，就把宗室里的一位姑娘齐姜嫁给了重耳。重耳就在齐国安家了，幸福美满地生活了七年。

这时，齐国政坛发生动乱，齐桓公死了，他的几个儿子为了争夺王位自相残杀，齐国混乱、国力渐衰。

此时，跟随重耳一起走国的那些大臣们也在秘密商议，怎么才能让重耳逃离齐国，回晋国夺取君位。结果，这些话被正在采桑叶的齐姜的侍女听到了，她赶紧将此事告知齐姜。

这名侍女原以为齐姜定会奖赏自己，没想到齐姜听完之后，担心消息走漏对丈夫不利，就把这知情的侍女给杀了，而且把丈夫重耳找来，劝说道："男儿大丈夫要有四方之志，做一番大事业，留恋妻子、贪图安逸，断不可取！你应该听从手下人的那些话，赶紧离开齐国，去夺晋国君王之位！"

可是，重耳大志已被消磨，他觉得在齐国有老婆、有孩

子、有家庭，挺幸福的。他不想走了。

齐姜一看，怎么办呢？她不再劝重耳，而是暗中跟重耳手下的臣子商定了一个计策，用酒把重耳给灌醉了，然后偷偷地把重耳带出了齐国。

重耳酒醒后一看，后路已断，只得咬紧牙关继续往前走！经过千难万阻，重耳终于在62岁的时候再度回到晋国，成为晋国国君，这就是历史上有名的晋文公。

出处 而谓公子曰："子有四方之志，其闻之者，吾杀之矣。"——《左传》，左丘明

释义 形容一个人立志广阔、远大，愿意到遥远的地方去做一番伟大的事业。

例举 男子汉大丈夫志在四方，岂能贪图安逸？

一鸣惊人

春秋时期，楚国楚庄王继位的时候年龄还不足二十岁。当时楚国国内矛盾重重，爆发了叛乱，楚庄王一度被人挟持。面对当时复杂的形势，年轻的楚庄王采取了以静观动的对策。楚庄王终日声色犬马，不理朝政，一连三年没有发布一项政令，也没有一点政绩。

这么一来，可急坏了大臣伍举，于是他前来面见楚庄王，隐晦婉转地劝谏说："王上，老臣听说了一个谜语，久思不得其解，特想向王上求教。"

"谜语？好啊，不妨说来听听。"楚庄王表示对谜语很感兴趣。

伍举接着说道："臣听说有一只鸟停留在南方的阜山之上有三年之久，在这期间，它既不展翅膀，也不飞翔，连叫都不叫，就在那低着脑袋沉默无声。您说，这是什么鸟儿啊？"

楚庄王一听，这不就是在说自己吗？他决定好好回复伍举，说道："老爱卿，我告诉你，这鸟三年不展翅，是为了生长羽翼；不飞不鸣，那是它在观察民众的态度，审视天下

阜山有只鸟，它三
年不飞不叫，就在
那发呆，您猜这是
什么鸟啊？
这只鸟不飞不鸣那是
在养精蓄锐，等到羽
翼丰满之时必会展翅
高飞，一鸣惊人！
我还以为是
呆呆鸟呢！
不呆不呆，
灵着呢！

的忠奸。所以，你别看它现在不飞，它要一飞，那就了不得了，它将一飞冲天哪！你别看它现在没叫，一鸣必将惊人！老爱卿，你不必担心那么多，寡人已然知道你的意思了。"

待到时机成熟时，楚庄王果真亲自理政了，短时间内他便废除了多项旧政令，颁布了很多有利于国家发展的新政令，诛杀了大奸臣，提拔了能人志士……在楚庄王的领导下，楚国国家日渐强盛，最后称霸天下！

出处 王曰："三年不翅，将以长羽翼。不飞不鸣，将以观民则。虽无飞，飞必冲天；虽无鸣，鸣必惊人。"——《韩非子》，韩非

释义 比喻平时没有突出的表现，一下子做出惊人的成绩。

例举 没想到平时沉默寡言的小张居然做了这件大事，真是不鸣则已，一鸣惊人啊。

刮目相待

三国时期，吴国有一位大将军叫吕蒙，他年轻时不爱看书，认为作为将军，只要能够跨马打仗就行了，读什么书啊？

后来，吴主孙权就开导他："你现在身居要职，掌握重权，在这样一个位置，只会上战场打仗而没有半点学问是不行的，还是要多读书，加强学习，不断进步。"

吕蒙说道："主公，您说的对。可军营当中事务太多，我倒是想读书，但没时间啊！"

孙权一听，又说："你们事务再多能有我多吗？我是吴主，日理万机，可我到现在还在读《史记》及各家兵法等书籍，我自己觉得大有收益。像你资质这么聪慧，只要肯学习，一定也会有所收益的。别老说自己忙，光武帝刘秀当年打天下、指挥战争的时候都是手不释卷，你们有什么理由不学习呢？"

听完孙权的话，吕蒙满脸通红，从此他开始发奋学习，并且认真研读了很多书籍。

到后来，鲁肃做了吴军大都督，来吕蒙驻地视察。两

士别三日当刮目相待呀，您可不能用老眼光看我了。
这里就是军营啊！
如今你学识出众，已不是当年的吴下阿蒙了！
多学习果然很有用啊！像变了一个人一样。

人纵论天下大事，吕蒙说得头头是道，其中不乏真知灼见。鲁肃非常感慨地说："以前，我以为你只有武略，没想到你学识如此出众，已不是当年的吴下阿蒙了！"

吕蒙接着说道："士别三日当刮目相待呀。咱们分别那么久，您不能总用老眼光看我啊。"他马上为鲁肃献上了夺取荆州、打败关羽的计策。

到后来，吕蒙用白衣渡江之计成功谋取荆州，使盖世英雄关羽败走麦城，最后被吴国生擒。这不正是他多读书的结果吗？

出处 蒙曰："士别三日，即更刮目相待。"——《三国志》，陈寿

释义 指别人已有进步，不能再用老眼光去看他。

例举 没想到你进步居然这么大，真是士别三日当刮目相待啊！

呕心沥血

唐朝出现了很多伟大的诗人，如"诗仙"李白、"诗圣"杜甫、"诗佛"王维、"诗豪"刘禹锡，此外，还有"诗鬼"李贺。

李贺乃是李唐的皇室宗亲，郑王之后，他从小就特别聪明，七岁就能提笔写文章了，但天妒奇才，李贺从小体弱多病。

李贺喜欢写诗，本人仿佛为诗而生。每天太阳刚一升起，李贺便骑着一头瘦马，带着一个小书童，背着一个又旧又破的锦囊出门了。这锦囊并不是用来装钱的，它里面装满了李贺的"灵感"。每当有创作灵感时，他便将其写在纸上，并装入锦囊中。

李贺写诗，并非先定标题后完成内容，他先有的是具体的诗句，等到晚上回家后，他会在烛光下把这些碎片诗慢慢地整合成一首一首的整诗。每天如此，白天外出寻找灵感，晚上把这些"灵感"整理成一首首诗，甚至都顾不得去探望问候母亲一下，李贺的心里除了诗还是诗。

有时，老太太看到孩子回来，诗囊里面鼓鼓囊囊，一抖

此马非凡马，房星本是星。

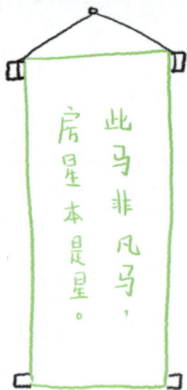

孩子呀，你这是要呕出心肝才会停止啊！

zzz...

母亲，您放心，我有分寸的，而且我喜欢写诗。

手稿这么多啊！他身子骨又那么羸弱，我来帮他整理吧。

落，里面全是有关诗的草稿。见这么多诗稿，再看看儿子那羸弱的身子骨，老太太心疼地说道："孩子，你这是要呕出心肝才会停止啊！"意指李贺的诗乃呕心之作，"呕心"便出于此。

唐朝大文豪韩愈在《归彭城》中曾写过这样的诗句："刳肝以为纸，沥血以书辞。"意思是说挖出心肝来当纸，滴出血来写文章。后来人们常用"呕心沥血"比喻极度劳心苦思，费尽心血去做某一件事情。

出处 太夫人使婢受囊出之，见所书多，辄曰："是儿要当呕出心乃已尔！"——《李长吉小传》，李商隐
释义 形容费尽心思和精力。
例举 老师呕心沥血地工作，为的是教育好每一名学生。

牛角挂书

隋朝有个人叫李密，乃是一位世家子弟，父亲是隋朝大官李宽。李密沾了父亲的光，少年时就做了隋炀帝的侍卫，但不久便借病辞官回家了，他决心专心致志地读书，这样才能更加有所作为。

有一次，李密听说在缑山有一位叫包恺的高士，他打算向这位高士求学。徒步走比较辛苦，他便顺手牵了家里的一头牛，骑着牛赶路。这么长的路途不能让时间白白浪费掉，于是，他就在牛角上挂了一部《汉书》，这样就可以一边赶路一边在牛背上读书了。

半路上，他碰到了当时的大权贵杨素，杨素看到在牛背上认真读书的李密和挂在牛角上的书籍，既觉得有趣，又被他的勤奋努力所打动，于是上前问："哪来的书生？如此勤奋？"李密做过侍卫，认得杨素。他赶紧下来拜见杨素：

"我是李密。"

"哦，原来是蒲山郡公的儿子啊！你那牛犄角上挂的是什么东西呀？"

"挂的是《汉书》。"

现在的我们可
以在PAD、手机
上看书学习。

但走路时不
可以看哦!

"哦，读哪一篇呢？"

"正在读《项羽传》。"

"你读《项羽传》有什么感悟没有？"

"有啊……"

这么一聊，杨素觉得李密见识不凡、志向远大，假以时日，必成大器。不仅如此，回到府上，他还将此事告诉自己的孩子，并让他们多结交像李密这样的人。

后来，李密几经周折，凭借自己的才能，成为隋末农民起义军中势力最大的瓦岗军的首领。

出处 闻包恺在缑山，往从之。以薄鞯乘牛，挂《汉书》一帙角上，行且读。——《新唐书》，欧阳修、宋祁等

释义 比喻读书勤奋，学习刻苦。

例举 他抓住一切可以利用的时间刻苦学习，可谓牛角挂书、废寝忘食。

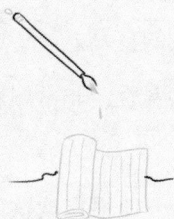

寓言篇

塞翁失马

古时候，在北方边塞有户人家。有一天，他们家的马无缘无故地丢了。在当时，马对于生活在边塞的人来说非常重要。邻居知道后深表同情，于是都过来安慰这家人。

这家有位老者，对此却不以为然，他说："不必过于沮丧，你们怎么就知道这不是件好事呢？"邻居听后都感到很吃惊。

没想到，过了几个月之后，他家的马真的回来了，而且还带回来一匹胡人的良马。

邻居们得知此事后，非常佩服老者的预见，又纷纷前来道贺。

老者有个儿子，他很喜欢这匹身长蹄大、神骏无比的胡马。在马没被驯服前他便骑着去游玩，结果从马背上摔下来把腿摔折了。邻居听闻此事又纷纷过来安慰。

老头还那样，说道："这未必不是一件福事。"

没想到，一年之后，胡人入侵。内地官府着急了，赶紧征兵，要求所有青壮年，只要身体没毛病的，都得从军打仗！结果附近的青壮年十之八九战死沙场，有些人甚至

连尸首都没找到。唯独老者的儿子因为腿瘸免除了兵役。这么一来，虽然摔断了腿，但保住了性命，这岂不是一件福事？

出处 近塞上之人，有善术者，马无故亡而入胡。人皆吊之，其父曰："此何遽不为福乎？"居数月，其马将胡骏马而归。人皆贺之，其父曰："此何遽不能为祸乎？"——《淮南子》，刘安等

释义 比喻一时虽然受到损失，也许反而因此能得到好处。也指坏事在一定条件下可变为好事。

例举 虽然没有抓住这次机会，但也不必沮丧，塞翁失马，焉知非福？

掩耳盗铃

本篇，我们讲一个大家比较熟悉的典故——掩耳盗铃。可能有人会问："这个典故非常熟悉了，为什么还要说它呢？"咱们熟悉的是"掩耳盗铃"，但这个典故其实最早并非"盗铃"，而是"盗钟"！那也就是说这个词应该叫作"掩耳盗钟"，它是怎么来的呢？

春秋时期，晋国有六卿，它们分别是六家大贵族：范氏、智氏、中行氏，再加上韩、赵、魏三家。后来，范氏被灭，范氏家族在晋国也慢慢衰落了。

当时有个人趁火打劫，想从范家偷点东西。他进去后发现院子里吊着一鼎大钟，这鼎大钟是用上等青铜铸成的，造型和图案都很精美。小偷看到大钟心里特别开心，他想这鼎大钟一定很值钱，于是决定把它拿回家。可钟又大又沉，怎么也挪不动，他想来想去，眼前突然一亮，把它砸碎，这样不就可以一块一块搬回家了吗？

于是，他找来一把锤子，使劲朝钟砸去，结果这一锤没砸碎钟，反而使钟发出了巨大的声响。

小偷心想：这下糟了，被别人发现怎么办？他马上扑向

大钟，张开双臂想捂住钟声，可钟声依然悠悠地传向了远方。

小偷越听越害怕，不由自主地抽回双手，使劲捂住自己的耳朵。"咦，钟声变小了，听不见了！"小偷高兴起来："有办法了！"他立刻找来两个布团，把耳朵塞住，心想：这下谁也听不见钟声了。于是放手砸起钟来，一下一下，钟声响亮地传到了远方。人们听到钟声蜂拥而至，把小偷给抓走了。

出处 范氏之亡也，百姓有得钟者，欲负而走，则钟大不可负；以锤毁之，钟况然有声。恐人闻之而夺己也，遽掩其耳。——《吕氏春秋》，吕不韦

释义 比喻自己欺骗自己，明明掩盖不住的事情偏要想法子掩盖。

例举 他耍的这个小聪明无异于掩耳盗铃、自欺欺人。

揠苗助长

古时候，有个宋国人种了好多谷子，在他的悉心照料下，没多久，谷子便发芽长出了禾苗。尽管如此，他还是希望自己的禾苗能长得再快点。他天天去田里看，一天、两天、三天……很多天过去了，他感觉自己的禾苗好像都没怎么长。

他在田里着急地转来转去，并自言自语地说："这样下去可不行，我得想办法帮帮它们。"

终于有一天，他想到了一个"绝妙"的办法：用手将禾苗一棵棵地拔高。

他是这么想的，也是这么做的。他马上跑向田里，开始把禾苗一棵棵地往高拔。拔呀拔，拔了整整一天，终于把自己种的禾苗全都拔高了几寸。看着这些"长高"了的禾苗，他虽然累得腰酸背痛，但心里还是特别开心。之后，这个宋国人便心满意足地扛着锄头、唱着小曲儿回家去了。

到家后，他把锄头一扔，便躺在了床上，说道："今天可把我累坏了，不过辛苦没白费，所有的禾苗在我的'帮助'下都'长高'了！"

心好痛！！！

他的儿子不明白怎么回事，于是赶忙跑到田里一看，发现地里所有的禾苗都枯萎了。

原来这个宋国人违反了禾苗生长的自然规律。禾苗该长多高、长多长，是有它的自然规律的。人为把它拔高，这种行为违背了禾苗生长的自然规律，这样做从表面上看，好像禾苗真的"长高"了，但实际上却害了它！

这就是"揠苗助长"的典故故事。这个成语中，"揠"就是拔的意思。后来，"揠苗助长"慢慢演变成了"拔苗助长"。

出处　宋人有闵其苗之不长而揠之者，芒芒然归，谓其人曰："今日病矣！予助苗长矣！"其子趋而往视之，苗则槁矣。——《孟子》，孟子

释义　比喻违反事物发展的规律，强求速成，结果反而把事情弄糟。

例举　教学要循序渐进，填鸭式的做法无异于拔苗助长。

狐假虎威

　　战国时期，楚宣王手下有位大将叫昭奚恤，他掌管楚国军政大权，此人位高权重，敢于直言，当时在诸侯之间颇有声望，尤其北方那些诸侯国都很忌惮。但正所谓人秀于群，众必诽。当时，楚国还有一位官员叫江一，他就经常向楚宣王进谗言，说昭奚恤的坏话。

　　有一次，昭奚恤不在，楚宣王与众大臣聊天，就问："寡人听说北方诸侯都很惧怕昭奚恤，是这样吗？"

　　江一看到了机会，就给楚宣王讲了一个故事："话说，在森林里头住着一只斑斓猛虎，所有的动物都害怕它，只要见到它，都吓得四处逃窜。有一天，老虎觅食抓到了一只狐狸，就想把它吃掉。这只狐狸眼珠一转，计上心头，就对老虎说了：'你不能吃我，因为我是天帝派来的！天帝让我到森林里做百兽之长。今天你要吃了我，那就是逆天帝之命也，必受天谴！不信的话，咱们试试，我走在前面，你跟在我后面，你看一看，森林里的百兽见到我，有哪一个敢不逃跑的！'老虎怀疑地说道：'哦，是吗？那好，你前面走，我在后面跟着，我倒要看看你说的是真是假。'于

北方诸侯其实不是害怕他，而是害怕大王您的军队。这就如同那些走兽害怕老虎一样。

是，老虎就和这只狐狸一起同行。结果一路上，甭管碰到什么飞禽走兽，它们都吓得纷纷逃散。这下老虎相信了狐狸刚才说的话，它根本不知道，这些飞禽走兽是看到自己、害怕自己才跑的。"

"嗯——"楚宣王一听，"这故事是不错，但是，跟我刚才的问题有什么关系呀？"

"大王，这个故事不就回答了刚才您提的那个问题吗？现在大王的国土方圆五千里，大军上百万。但这么多土地，这么庞大的军队，却大部分都由昭奚恤所掌管。所以，北方诸侯害怕昭奚恤，其实不是害怕他，而是害怕大王您的军队呀，这就如同那些走兽其实是害怕老虎一样。"

出处 狐曰："……吾为子先行，子随我后，观百兽之见我而敢不走乎？"虎以为然，故遂与之行。兽见之皆走。虎不知兽畏己而走也，以为畏狐也。——《战国策》，刘向

释义 比喻依仗别人的威势来欺压、恐吓他人。

例举 高衙内依仗高俅的势力，狐假虎威，在汴梁城欺男霸女、无恶不作。

259

刻舟求剑

　　楚国有个人，这天他出门办事，不幸路遇大河阻拦，于是，他临时决定乘坐一艘小舟渡河。此人身份不俗，腰上还配着一把宝剑。

　　他坐在船上，一边行舟，一边看四周的风景。正当船行到河中央时，楚人不小心将随身携带的宝剑掉入了河中，他赶紧伸手去抓，但为时已晚。

　　"哎哟！"船家一看，着急地说道，"这可怎么办？这个地方水挺深的，不好打捞啊！"

　　此时的楚人表现得却很镇定，他摇摇手说道："莫急、莫急，不慌、不慌……"只见他一边说着话，一边掏出一把小刀在船上刻了个记号，他告诉船家说："这里便是我的剑掉下去的地方。"

　　船继续向前行驶，不久便靠岸停了下来。这时，只见那楚人把外衣一脱，"扑通"一声，跳入河中。

　　船家不解地看着，问道："哎，我说公子，您这是要干吗呢？"

　　"嗨，我这不是在捞剑吗？"

"捞剑？你怎么在这个地方捞剑？"

"剑掉下去的时候，我不是在这里刻了个记号吗？宝剑就是从这个记号处掉落水中的，那我现在就沿着这个记号入水寻找，定能找到剑。"

船家一听，哭笑不得地说："我说公子啊，咱这船一直在前进，但落水之剑不会跟随船一起前进啊！像您这样刻舟求剑，岂不是很糊涂吗？"

出处　楚人有涉江者，其剑自舟中坠于水，遽契其舟，曰："是吾剑之所从坠。"舟止，从其所契者入水求之。舟已行矣，而剑不行，求剑若此，不亦惑乎？——《吕氏春秋》，吕不韦

释义　比喻不懂事物已发展变化而仍静止地看问题。

例举　时势已变，"刻舟求剑"只会成为前进的绊脚石。

疑邻盗斧

从前，有个人丢了一把斧头，怎么找也找不到，可把他急坏了，他想：我的斧子怎么莫名其妙地丢了呢？明明昨天我还用它来着，难道是被别人偷了？谁能进我的屋子偷东西呢？

他一琢磨：对了！昨天邻居的儿子到我这里溜达了一圈儿，我当时就觉得这小子鬼头鬼脑的，这斧子十有八九是被他偷了！但光怀疑没证据不行啊。不如我先暗中观察，等他用斧子的时候，我上前抓住他，到那时，看他还怎么说！

正所谓疑心生暗鬼，他怀疑邻居的儿子偷了自己的斧子，之后便越看他越感觉这个年轻人就是小偷。他看到那小子在路上走路的样子，像是盗斧的贼；看他那面部表情，像是盗斧的贼；再看那小子的言谈举止，更像盗斧的贼……

总之，邻居的儿子在他眼中越看越像盗斧之人。

后来有一天，他在家里修整自家谷堆，往上一掀谷草，从谷堆里掉出来一把斧子。捡起来一看，这不正是自己丢的那把斧子吗？他拍了下自己的脑门，自言自语道："对了，

我怎么忘了？那天，是我干完活儿顺手把斧子放到谷堆上面的。原来我错怪别人了。"

斧子失而复得，这个人再碰到邻居的儿子怎么看都感觉人家不像是偷斧子的贼了。

出处　人有亡鈇者，意者邻之子，视其行步，窃鈇也；颜色，窃鈇也；言语，窃鈇也；动作态度，无为而不窃鈇也。俄而抇其谷而得其鈇，他日复见其邻人之子，动作态度，无似窃鈇者。——《列子》，列子

释义　指不注重事实根据，对人对事胡乱猜疑。

例举　同事之间应该将心比心，不要疑邻盗斧。

滥竽充数

　　战国时期，齐国国君齐宣王爱好音乐，尤其喜欢听别人吹竽，于是，就成立了一个"吹竽音乐团"，并且招募了三百个善于吹竽的乐师天天为他吹竽。

　　齐宣王这个人喜欢热闹，爱摆排场，所以每次表演，他都让三百个乐师一起合奏。

　　没想到，在这三百人当中，有一位叫南郭先生的乐师，其实，他压根儿就不会吹竽，但听说齐宣王爱听竽，给会吹竽的乐师十分丰厚的报酬，他为了钱，也不知道用了什么方法，就混进了乐师队伍。每一次，齐宣王命令三百乐师一起吹竽的时候，别人吹，南郭先生也学着别人的样儿跟着吹，但他的竽一点响声都没有。反正三百多人一起吹竽，声能震天，他自己吹不响，谁也听不出来。齐宣王在高台之上坐着，更是听不出来。所以，每一次，南郭先生就跟着这些乐师一起合奏，等到领工钱的时候，他也排着队一起领工钱，拿的钱还跟别人一般多。

　　就这么，日复一日，年复一年，一晃好多年过去了。不会吹竽的南郭先生居然混在乐师队伍里一直没被人发现，

小日子过得还挺美。

后来，齐宣王死了，他的儿子齐湣王继位了。齐湣王可能是受到父亲的影响，他也爱听吹竽，但父子俩有一点不同：齐宣王爱听大家一起合奏，三百个乐师一起吹竽，而齐湣王却嫌闹得慌，耳朵受不了，他喜欢听独奏。于是他便吩咐道："从今往后，你们三百个乐师给我一个一个轮着吹！"

这个消息一传出来，南郭先生心想：完了！看来我的这条财路是要断了！我根本就不会，过去跟大家在一起乱比画，谁也看不出来。现在要一个一个吹，那我不露馅了吗？于是他悄悄地逃走了。

出处　齐宣王使人吹竽，必三百人。南郭处士请为王吹竽，宣王说之，廪食以数百人。宣王死，湣王立，好一一听之，处士逃。——《韩非子》，韩非

释义　比喻无本领的冒充有本领，次货冒充好货。

例举　他怀着侥幸心理打算滥竽充数，结果被老师批评了。

买椟还珠

楚国有个珠宝商人到郑国去卖珠宝。他为了让自己的珍珠好卖，就对珍珠进行了一番包装。他先用名贵的木兰为每件珍珠产品雕刻了一个精美的匣子；然后，再用桂、椒这样的香料反复熏制，使得珍珠匣子让人闻起来有一股幽香；再用珠子和宝玉镶嵌在匣子外面，用美玉相连、用翡翠装饰……每个装珍珠的匣子都漂亮极了！最后，商人再把珍珠产品放到匣子里头，拿到市场上去卖。

这天，来了个郑国人问价："这一匣珍珠多少钱？"商人一报价钱，郑国人根本没有还价，掏钱就买了匣珍珠。

买来之后，郑国人反反复复把玩这个匣子，越看越喜欢。再打开看看里面的珍珠，他觉得这珍珠与这匣子相比简直不配套，于是便伸手从匣子里头把珍珠取了出来，塞回楚国商人手里，说道："这些珍珠还给你，我只要这个匣子。"说着把匣子一扣，往怀里一揣，转身走了。楚国珠宝商人看着自己手中的珍珠是又惊又喜。

这就是买椟还珠的典故故事，"椟"就是匣子。这个故事用来比喻做事没有眼光，取舍不当。

郑国人两眼只盯在了精致的木匣子上，竟然舍弃了珍贵的珠宝。可见，做事一定要主次分明，不能像故事中的郑国人那样，只注重事物的外表，而看不清楚本质。只有看清楚事物的本质，分清主次，才能取舍得当。

出处 楚人有卖其珠于郑者，为木兰之柜，薰以桂椒，缀以珠玉，饰以玫瑰，辑以翡翠。郑人买其椟而还其珠。此可谓善卖椟矣，未可谓善鬻珠也。——《韩非子》，韩非

释义 买下木匣，退还了珍珠。比喻没有眼力，取舍不当。

例举 任何一个有头脑的人都不应该做出买椟还珠的蠢事。

守株待兔

相传在春秋战国时期的宋国，有一位农民，日出而作，日落而归，天天如此，日子过得比较艰苦，即便遇到好年景了，也刚够吃饱，如果不幸遇到灾荒，那就得过忍饥挨饿的生活。

农民试图改变现状，希望自己的生活能得到改善，但这个人又懒又胆小怕事，总想着好事自己送上门来，所以贫穷的生活状态一直都未改变。

终于有一天，"好事"来了！

有一天早上，他在自家农田耕作，周围有人在打猎，吆喝声和马蹄声四处起伏，时不时有小动物在草丛里窜来窜去。突然，有一只野兔，不偏不倚，刚好撞到了一棵大树上，而这棵大树距离农民并不远。农民听到大树那边传来的响声，觉得很好奇，于是放下手里的农具，朝那边走去，想一探究竟。走近一看，心中大喜，原来是一只兔子，并且这只兔子已经死了，他想：太好了，好久没吃肉了，今晚可以好好改善一下生活了。

当天晚上回到家，他和家人便美美地饱餐了一顿。酒足

哪有那么多好事
自己送上门来!

我就守着这棵
树，兔子一定
会再次出现!

饭饱后，农民往床上一躺，就琢磨：如果天天都有兔子撞到树上，那我就不用种地了。对！从明天开始，我就守着那棵树，我就在那里等兔子！

自打这天开始，这位宋国的农民就天天坐在这棵"神奇"的大树下等着奇迹的出现。可是，等了很多天，也没碰到一只兔子。再看看自己地里的禾苗，由于无人照料，早已枯死。

这件事情一经传出，就成了当地人茶余饭后的笑谈。人们都嘲笑这位农民"守株待兔"的愚蠢行为，认为他死守狭隘的经验主义，不去了解情况变化，不知变通。

出处 宋人有耕者，田中有株。兔走触株，折颈而死。因释其耒而守株，冀复得兔。兔不可复得，而身为宋国笑。——《韩非子》，韩非

释义 比喻不想努力，而希望通过侥幸获得成功；也比喻死守狭隘经验，不知变通。

例举 我们的思想不能太保守，要勇于探索，切莫守株待兔。

亡羊补牢

战国时期，楚襄王宠信奸臣，终日享乐，不理政事。

大夫庄辛劝谏楚襄王说："大王，您现在宠信奸臣，不理政事，一味放纵无度。如果这样下去，咱们楚国怕要危险了。"

楚襄王闻听大怒："我说庄辛，你是不是老糊涂了？竟然敢诅咒楚国！"

庄辛一听，一点也不害怕，说道："大王若再这样下去，楚国必然会走向灭亡。既然您听不进去我的话，那就请允许臣离开楚国去赵国，我想到那里待一阵子。"

楚襄王也是赌气，没拦着庄辛。

就这样，庄辛离开楚国，到了赵国。后来，楚国果然出事了。

秦国一看，楚王天天不理政事、吃喝玩乐，觉得有机可乘，于是立刻起兵袭击楚国。楚国几乎没怎么抵抗就让秦国攻陷了都城郢城，楚襄王也逃亡到了城阳。

到这时，楚襄王才想起庄辛来了，马上派人到赵国把庄辛请了回来，并向庄辛认错："老爱卿，寡人没有听您的话，

以致如此！可如今，咱们该怎么办呀？"

庄辛诚恳地说："我听说过，见到兔子才想起去找猎犬，这不算晚；丢了羊再去补羊圈，也不算迟……大王您千万不要灰心丧气，只要我们振作起来，及时改正过错，秦国奈何不了楚国。"

在庄辛的鼓励下，楚襄王励精图治、重整旗鼓，最后不仅成功渡过了危机，而且振兴了楚国。

出处 见兔而顾犬，未为晚也；亡羊而补牢，未为迟也。——《战国策》，刘向

释义 比喻出了问题，然后想办法再去补救，可以防止继续受损失。

例举 前期工作虽然出现了失误，但亡羊补牢，为时不晚，我们一定要吸取教训、总结经验，把下阶段的工作做好！

鼻垩挥斤

战国时期，惠子是明家的代表人物，庄子是道家的代表人物，他俩都以能言善辩而著称，并且俩人是一对好朋友，经常在一起辩论、探讨问题。后来惠子去世，庄子送葬，经过惠子的墓地时，庄子对随从讲了一个意味深长的故事。

从前，有两个玩杂技的人，其中一个是郢人，他在自己鼻尖上抹了一层像蚊蝇翅膀那么厚的白垩泥（白灰），然后，让匠石用斧子去削自己鼻尖上的这一小白点儿。只见匠石将手中斧子一挥，漫不经心地朝郢人的鼻子削去。再看郢人的鼻尖，白灰完全被除去了，鼻子却没受一点伤。郢人站在那里也是若无其事，一点惊愕、害怕的神色都没有。

后来宋元君听说此事，就把匠石找来了，问道："我听说你会绝技，你可以用斧子把人鼻尖上的一点白垩灰给削掉，而且鼻子还完好无损。你可否给我表演一下这项技能？我想开开眼界。"

没想到，匠石把手一摆，说道："对不起，这个技能，您看不到了，我做不了了。"

"哦？这是怎么回事呢？难道先生没这样的技能吗？"

"也不是，我确实能够用斧子削下人鼻尖上的白灰，但是，能跟我搭伙合作的那个郢人已经死去很久了。我倒是敢用斧子削，但您上哪找敢被我削的人呢？要想完成此项技能，对方必须完全信任我，才能够不躲不闪，才能够镇定自若，我也才能够展现我的绝技，这需要两个人配合默契。现在，我虽在，可我的合作伙伴却死了，我们这项绝技恐怕再也做不了了。"

　　庄子讲完这个故事，感慨地叹了口气："自打惠子离开人世，我就没有了可以匹敌的对手，也没有了可以与之辩论说话的人，我何尝不是失去了一位默契的'合作伙伴'啊……"

出处 郢人垩漫其鼻端，若蝇翼。使匠石斫之，运斤成风，听而斫之，尽垩而鼻不伤，郢人立而不失容。——《庄子》，庄子

释义 挥舞斧头削除鼻端之垩。比喻指正错误。

例举 我刚写了一篇文章，请您鼻垩挥斤，对其指点修改一下。

惊弓之鸟

战国时期，魏国有一位神箭手叫更羸，他几乎可以百发百中。有一次，他陪魏王外出散步，走着走着，天空飞来一只大雁。

更羸对魏王说："大王，您看到那只大雁了吗？我不需要箭，只要拉一下弓，扣一下弦，便可以将它射下来。"

"是真的吗？"魏王一听，用怀疑的语气说道，"我知道你是神箭手，但我万万没想到，你竟然还有这等神功！"

"哈哈！"更羸一笑，"您不相信？那就让我试试吧！"

过了一会儿，只见一只大雁飞了过来。

更羸果真没有取一支箭，只见他左手托弓，右手拉弦，随后发出"嘣"的一声。再看空中那只大雁，大雁听到响声后拍打两下翅膀，拼命往上飞，没飞多久便突然间从半空中掉落下来。

见此情景，魏王惊叹地说道："你果真有这样的本事啊！"

"大王，这其实并没有什么稀奇的。"更羸微笑地解释说，"我之所以不用箭便能射下这只大雁，并非因为我箭术高，

而是因为我知道这是一只受过伤、又失群的大雁。"

"那你又如何知道这只大雁就是受伤的大雁？"魏王又问道。

"它飞得很慢，鸣叫声又非常凄厉。飞得慢，是因为它受了伤，旧伤疼痛飞不快；鸣声凄厉是因为它长久失群，所以孤独、惶恐、害怕。一旦听见弦响声，它很害怕，旧伤迸裂，它就掉下来了。"

这就是"惊弓之鸟"的故事，细致的观察、严密的分析、准确的判断是更羸虚拉弓弦便能射落大雁的主要原因，这种观察、分析和判断的能力只有通过长期刻苦的学习和实践才能培养出来。

出处 更羸谓魏王曰："臣为王引弓虚发而下鸟。"魏王曰："然则射可至此乎？"更羸曰："可。"有间，雁从东方来，更羸以虚发而下之。——《战国策》，刘向

释义 比喻受过惊吓的人碰到一点动静就非常害怕。

例举 鬼子如今已成为惊弓之鸟，龟缩在碉堡中，再不敢出来横行了。

🛡️ 自相矛盾

春秋战国时期，百家争鸣。儒家认为统治者应该"尚贤"，尤其应该学习上古尧舜那样的圣人，用仁爱、德政来教化人民、治理天下。为此，他们举了个舜帝教化百姓的例子。

在历山，种田的百姓互相侵占田界，闹得互相不睦，舜到了那里，用了一年时间，让百姓和睦了；黄河边的渔夫为了争夺水中的高地互相斗殴，舜到了那里，又用了一年时间，让渔夫们懂得谦卑礼让了；东夷的陶工制造出来的陶器，质量非常粗劣，舜到了那里，还是用了一年时间，让大家制出了高质量的陶器。于是，孔子称赞：这是圣人用道德感化人的结果啊！

但法家不这么看，他们认为光靠教化不行，说到底，靠的是人，是人治的结果。如果统治者昏庸无能，在这种情况下，科学的法律、制度对于管理天下而言就会显得格外重要。

所以，对于儒家所说的舜教化百姓的故事，法家代表人物韩非子就提出了质疑，他认为这个故事是有问题的。因为当舜在各地处理问题的时候，儒家尊崇的另外一个圣

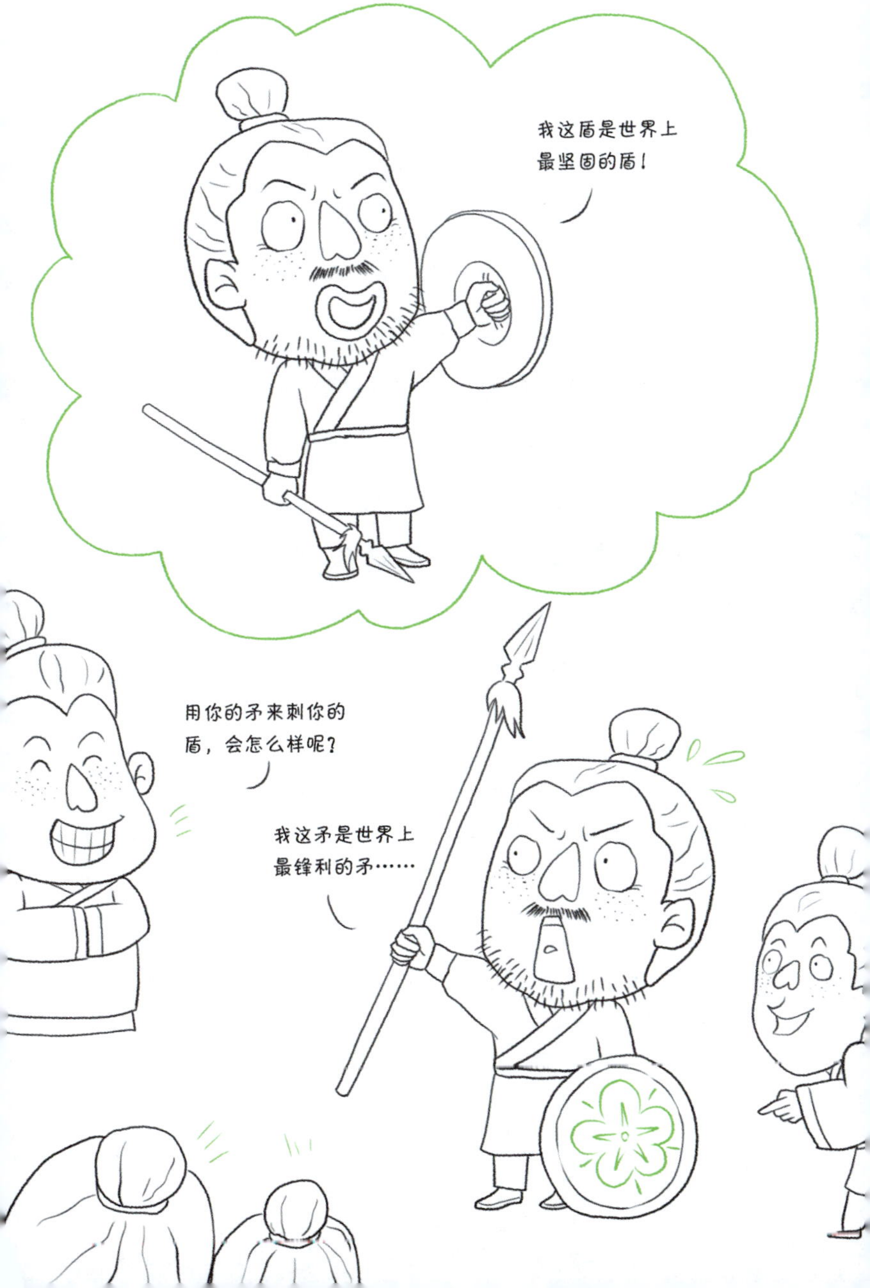
我这盾是世界上最坚固的盾！
用你的矛来刺你的盾，会怎么样呢？
我这矛是世界上最锋利的矛……

人尧帝正在作天子。如果尧帝是圣明的，天下就不该出现舜处理的那些问题，要是这样，儒家所说的故事就是编造的；而如果天下确实出现了这些问题，则证明尧帝不是圣人。

韩非子在这里用"自相矛盾"的故事说明了自己的观点。

在楚国，有一个卖矛和盾的人。他首先抄起了自己卖的盾，对集市上过往的顾客说："我的盾是世界上最坚固的盾，没有任何东西能够刺穿它！"然后他把盾放下，又把矛拿起来夸耀："我的矛是世界上最锋利的矛，没有什么东西是它刺不穿的！"这时，围观之人问："如果用你的矛刺你的盾，结果会怎样呢？"卖矛和盾的人当时就憋了个大红脸，无言以对。

这就是"自相矛盾"的故事来源。

出处 楚人有鬻盾与矛者，誉之曰："吾盾之坚，物莫能陷也。"又誉其矛曰："吾矛之利，于物无不陷也。"或曰："以子之矛陷子之盾，何如？"其人弗能应也。——《韩非子》，韩非

释义 比喻某个人说话、行动前后抵触不一致。

例举 你一会说作业做完了，一会又说还有两道题没做，这不是自相矛盾吗？

画蛇添足

战国时期，楚国大将昭阳领兵攻打魏国，连夺八城。但昭阳并不满足，打了魏国之后，又要移师攻打齐国。齐王畏惧昭阳，赶紧派能说会道的陈轸到楚营面见昭阳，希望能说服他退兵。

陈轸见到昭阳就问："请问将军，按照楚国的制度，像您这样灭敌斩将能封什么官爵禄位呢？"

昭阳说："按照楚制，官可至上柱国！爵可至上执珪！"

"哦……那在楚国还有比这更尊贵的职位吗？"

"有啊，那就是令尹了。"

"嗯！"陈轸又点点头，"令尹的确是最显贵的官职啊！只可惜令尹只有一个。将军，我给您讲个故事吧。想当年，就在你们楚国，有位贵族祭祀完了祖先，把一壶酒赏赐给门客。但他的门客太多了，酒只有一壶，怎么分呢？最后大家决定，比试画蛇，谁先在地上画完蛇，谁就独自享用这壶酒。结果有位门客，特别利索，寥寥几笔，就把蛇画完了。但他环顾四周一看，剩下的门客还都趴在地上画蛇呢。这位门客想：既然如此，我还可以为我画的这条蛇添上

您再立功，楚王也不能把令尹废掉给您。因此，楚王心里对你有愧很容易变成猜忌。这如同蛇足一般，只会招致杀身之祸呀。

传令下去，撤兵！

足。于是，他左手拿着酒壶，右手又提起笔来开始为蛇添足。结果，蛇足尚未画完，另一门客的蛇已经画好了，那人一伸手就把酒壶夺了过去，说道：'蛇本无足，你怎么硬给这蛇添上足了呢？看来，你画的不是蛇，我画的才是蛇！所以，先画好蛇的人是我！'说完，那人便把酒给喝了，而画蛇添足者，最终没有喝到一滴酒。将军，您现在攻下魏国，立下不世之功，官爵已升为上柱国、上执珪。如果您不懂得适可而止，再攻打齐国，再立了功，楚王也不能把现在的令尹废掉给您。这样，功高不赏，即便你心中没有怨言，恐怕楚王心里也会由对你有愧而变成对你有所猜忌了。这么一来，反倒会招致杀身之祸，这就如同蛇足一般啊……"昭阳觉得陈轸言之有理，便下令撤兵了。就这样陈轸用"画蛇添足"的故事退了楚兵，从而拯救了齐国。

出处 一人蛇先成，引酒且饮之，乃左手持卮，右手画蛇，曰："吾能为之足。"……为蛇足者，终亡其酒。——《战国策》，刘向

释义 比喻做了多余的事，非但无益，反而不合适。

例举 这事适可而止，切莫再画蛇添足了。

🦢 鹬蚌相争

战国时期，有一次，赵国要兴兵攻打燕国。燕王派纵横家苏代出使赵国，希望说服赵王退兵。

苏代到了赵国，见到了当时的赵国国君，也就是著名的赵惠文王，说道："大王，我在来赵国的路上，半道路过易水，在那儿我看到了一桩有趣的事儿。"

这句话激起了赵王的好奇心，于是赵惠文王便问："什么有趣的事啊？"

"我看见一只大河蚌在岸边张开蚌壳晒太阳，正在此时，飞来一只鹬。鹬鸟一看大河蚌张着壳，露出鲜嫩的白肉，它便走过去想啄食白肉。这只河蚌也挺机警，它马上合拢了自己的壳，一下就把鹬的嘴给夹住了。鹬挣脱不出来，就说：'哼！你不松开的话，你就回不到河里。今天不下雨，明天不下雨，见不到水，你就会被干死！'河蚌一听，它也说话了：'鹬鸟，今天你的嘴出不去，明天你的嘴出不去，你就会被饿死，你也活不成！'鹬与河蚌互不相让，在此对峙。正在这时，来了一位老渔夫。老渔夫一看，惊喜地说道：'太好了，毫不费力便可以得到两样东西。'说完便将河蚌和鹬

赵国若攻打燕国，秦国便成了那渔翁，希望大王认真考虑啊！

我要停止出兵攻打燕国。

一起提拿去了。这就叫作鹬蚌相争，渔翁得利呀！"

苏代讲完上边的故事，然后严肃地对赵惠文王说："大王，听说赵国要攻打燕国，燕国也是大国，倘若您真的发兵，燕赵两国就有可能长期相持下去，这样两国国力也会逐渐衰弱，最后恐怕那强大的秦国就要成为那不劳而获的渔翁了！所以，我希望大王认真考虑出兵之事啊！"

赵惠文王也是聪明之人，他想：可不是嘛，如果赵燕两国打起来，得利的一定是秦国。于是便下令停止出兵攻打燕国了。

出处 蚌方出曝，而鹬啄其肉，蚌合而箝其喙。鹬曰："今日不雨，明日不雨，即有死蚌！"蚌亦谓鹬曰："今日不出，明日不出，即有死鹬！"两者不肯相舍，渔者得而并禽之。——《战国策》，刘向

释义 比喻双方相持不下，而使第三者从中得利。

例举 孙刘两家如果鹬蚌相争的话，坐收渔人之利的肯定是曹操。

黔驴技穷

很久很久以前，据说黔地是没有驴这种动物的。一天，一个人从外地运来一头驴，由于当时没想到具体能拿它做什么，所以决定暂时把它养在山下。

山中的老虎在觅食时发现了这种长相奇特的动物，由于老虎从来没见过驴，所以它感到特别好奇。

刚开始，它看着驴个头很大，又黑又壮，不敢轻易靠近，老虎藏在树林里远远地观望着驴。

过了几天，它发现这头驴除了每天在那儿吃草，也没有什么特殊的本领，老虎的胆子也慢慢大了起来，最后它决定走近看看。它小心翼翼地靠近这头驴，谁知刚走近一点，这驴子就嘶吼一声，前蹄高高地扬起，吓得老虎连连后退，最后又逃回树林里去了。逃回去的老虎回头再看这头驴，它仍然在那里吃草，并没有追着过来咬自己。

就这样，老虎在远处来来回回走动观察，又观察了好几天，并且多次试图靠近驴子，每次一靠近，驴子就叫，但并没有其他举动。

最后，老虎觉得这东西好像也没有什么特殊的本领，只

你别过来啊!

你不就嗓门大、会
踢人这点能耐吗?

是嗓门儿比较大而已，于是伸出爪子推搡了驴子一把，这下驴子可真生气了，它抬起蹄子就朝老虎踢了过去，老虎一闪便灵活地躲开了。驴子又踢，老虎又是一闪，几个回合下来，老虎便知道，原来这头驴子也就这两下子。

最终，老虎也不想陪驴子"玩"了，便一口咬断了驴子的脖子，吃光了它的肉，然后大摇大摆地走开了。

这就是"黔驴技穷"的典故故事，它用来比喻有限的一点本领也用完了。

出处 黔无驴，有好事者船载以入。至则无可用，放之山下。虎见之，庞然大物也，以为神，蔽林间窥之……稍近，益狎，荡倚冲冒。驴不胜怒，蹄之。虎因喜，计之曰："技止此耳！"因跳踉大㘎，断其喉，尽其肉，乃去。——《三戒·黔之驴》，柳宗元

释义 比喻某人有限的一点本领也已经用完、无计可施了。

例举 敌人的阴谋再次被我们挫败后，已经是黔驴技穷了。

叶公好龙

楚国公子子高被楚王封于"叶"，所以大家称其为叶公。叶公特别喜欢龙，甚至可以说痴迷于龙。

叶公自己的衣带钩上、酒器上都刻着龙，住的地方，包括房屋里、梁上、柱子上纹饰的也都是龙，装修设计也都以龙为主题……

他这么喜爱龙，有一天被天上的真龙知道了。真龙一琢磨："原来我在人间还有这么一位'铁粉儿'！我得跟这粉丝见见面。"于是，这条真龙便从天上降到了叶公家里，龙头往屋里一探，龙尾巴一甩便伸向了厅堂。

叶公一看真龙来到家中，吓得惊恐万分，转身就跑。

看来，叶公并非真的喜欢龙，他真正喜欢的只不过是那些像龙的东西，而非真龙。

这则寓言故事具有讽刺意味，深刻地讽刺了叶公式的人物，这一种人名不副实、表里不一，只唱高调、不务实际。这个故事告诉我们做人做事要脚踏实地、实事求是。

出处 叶公子高好龙，钩以写龙，凿以写龙，屋室雕文以写龙。于是天龙闻而下之，窥头于牖，施尾于堂。叶公见之，弃而还走，失其魂魄，五色无主。——《新序》，刘向

释义 比喻自称爱好某种事物，实际上并不是真正爱好，甚至是惧怕、反感。

例举 别看他在屋里挂满了书画，其实他对此一窍不通，只不过是附庸风雅、叶公好龙罢了。

郑人买履

　　从前，有一个郑国人想去市场上买一双草履。"履"是什么呢？在古代，履就是指鞋。

　　古时候的鞋并没有固定的标准尺码，人们要想买鞋，事先都要在家里用尺子把自己的脚量一下，然后拿着自己量好的尺码到货摊上比对着去买鞋。这个郑国人也是如此，在家用尺子量完了脚，随手就将量好的尺码放旁边椅子上了，然后收拾了一下便出门了。

　　到了市场上，他走到货摊前选中了一款草鞋，高兴地说道："这双鞋样式不错，我就要它了。"卖鞋人正要给他拿鞋，"哎哟，糟糕！"郑国人突然说道，"我把我的尺码忘家里了！你看我这记性！"

　　说完，他赶紧转身返回家中，去拿自己量好的尺码。

　　结果等他再次返回市场，市场早就散了。

　　"唉！"郑国人没能买到鞋，很是懊恼，垂头丧气地往回走。在路上，他碰到了一位朋友。

　　朋友问："你怎么了？脸色那么不好看？"

　　"别提了，是这么回事……"这个郑国人就把事情说了

一遍。

"嗨！"朋友一听，"你这人也真是死脑筋。你既然到市场上买鞋去了，为什么不用自己的脚去试一试呢？用脚一试，鞋是大是小不就试出来了吗？合适你就买，不合适就让人给换一双。"

"哼！"这个郑国人一听，固执地说道，"我告诉你，我宁可相信量好的尺码，也不相信自己的脚。量好的尺码最标准！"

这个故事讽刺了那些恪守陈规、不尊重客观事实的人，说明因循守旧、不思变通，终将一事无成。

出处 郑人有欲买履者，先自度其足，而置之其坐。至之市，而忘操之。已得履，乃曰："吾忘持度！"反归取之。及反，市罢，遂不得履。人曰："何不试之以足？"曰："宁信度，无自信也。"——《韩非子》，韩非

释义 用来讽刺只信教条，不顾实际的人。

例举 我们要适应不断变化的形势，就不能像郑人买履那样僵化与固执。

东食西宿

　　齐国有户人家，女儿到了成婚的年龄，左右两邻居同时前来求婚。东家的男子长得比较丑，但非常富有；西家恰恰相反，男子长得英俊帅气，但家里很贫穷。

　　这下，女方父母犹豫了，难以决断，我们到底该把女儿许配给谁呀？许配给东家吧，人不帅气，但是一辈子吃喝不愁；许配给西家吧，人的模样倒挺好，但是模样好不顶吃喝呀，贫贱夫妻百事哀，把女儿许配给他，未来怎么生活呢？夫妻俩商量了半天也没拿出个主意，最后决定征求一下女儿的意见。于是老两口把女儿唤到堂上，把东西两家的情况都说了一遍，让女儿自己拿主意，女儿听后低头脸红，很是害羞，父亲便说："你若不好意思说出口，那就分别用左右臂来表示自己的意见吧！你想嫁给东家，就把你的左臂伸出来；若想嫁给西家，就把右臂伸出来。这样，我们就知道你的意思了。然后，我们就接受哪一家的求婚。你看行不行？"女儿点点头。

　　"女儿，那你相中哪一家了？"夫妻俩问道。

　　结果令老两口大吃一惊，女儿竟然把双臂全伸出来了。

吃！！！

我是想在东家吃饭而在西家住宿！

住！！！

"啊？！你，你这是什么意思呀？"

女儿扭扭捏捏地说："我……我想在东家吃饭，在西家住宿，这样不是'两全其美'吗？"

这则寓言讽刺了贪得无厌的人。世上没有东食西宿的好事，要想得到好的东西，只有通过自己的不断努力才能实现。

出处 齐人有女，二人求之。东家子丑而富，西家子好而贫。父母疑不能决，问其女："定所欲适，难指斥言者，偏袒，令我知之。"女便两袒。怪问其故。曰："欲东家食，而西家宿。此为两袒者也。"——《风俗通义》，应劭

释义 比喻贪婪的人各方面的好处都想要。

例举 像他这样东食西宿，哪里有好处就往哪里钻，真是令人不齿。

杞人忧天

从前，在杞国有一个既胆小又有点神经质的人，他常会想一些奇怪的问题，让人觉得莫名其妙。有一段时间，他担心天会塌下来，地会陷下去，自己无处依托，于是整天唉声叹气、愁眉不展。

有一位友人为这个杞国人的忧愁而担心，就去开导他，说："你这纯属瞎操心。这天只不过是聚集的气体罢了，咱们周围没有哪个地方是没有气的。你一举一动、一呼一吸，甚至整个人每天都在空气里活动，怎么还担心天会塌下来呢？"

"你说的没错，正如你所说，这天是聚集起来的气。可是，天上有日月星辰啊！如果天是气，它又怎么能托住日月星辰呢？就算天不会塌下来，日月星辰也会落下来啊！"

"嗨！"友人又接着告诉他，"日月星辰对人也不会有什么伤害。"

这下，天不会塌下来了，杞人放心了，但他对地又有疑问了。

"那，那地要陷下去又该怎么办呢？"

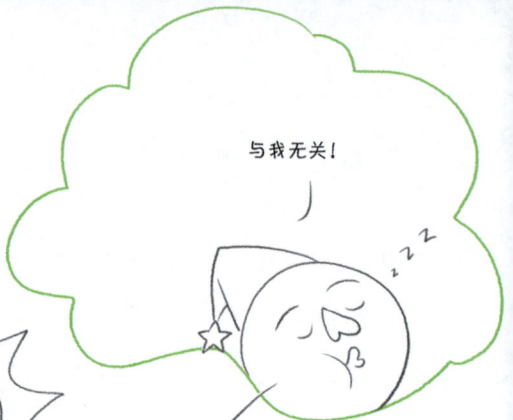

友人又耐心地解释说："地不过是堆积的土块罢了，你瞅瞅，地面哪里没土块啊？你行走跳跃，整日都在地上活动，怎么还担心地会陷下去呢？"

"哦……"那个杞国人终于放下心来，消除了疑惑。友人看到杞人不再为天地而焦虑也很开心。

这则寓言告诉我们：不能像杞人那样毫无根据地胡思乱想，而要心境开阔，全身心投入到学习和工作中。另外，故事中友人的解释也是不科学的，只能代表当时的认知水平，不过他关心他人、耐心诱导朋友的做法还是值得肯定的。

出处 杞国有人忧天地崩坠，身亡所寄，废寝食者。又有忧彼之所忧者，因往晓之，曰："天，积气耳，亡处亡气。若屈伸呼吸，终日在天中行止，奈何忧崩坠乎？"——《列子》，列子

释义 比喻不必要的或缺乏根据的忧虑和担心。

例举 他这个人就是太悲观，经常杞人忧天，忧心忡忡。

图书在版编目（CIP）数据

评书中华好典故：话说成语故事 / 王封臣著 . — 北京：
中国铁道出版社有限公司 , 2020.11
ISBN 978-7-113-27106-0

Ⅰ . ①评… Ⅱ . ①王… Ⅲ . ①汉语 – 成语 – 故事 –
青少年读物 Ⅳ . ① H136.31-49

中国版本图书馆 CIP 数据核字(2020)第 130417 号

书　　名：**评书中华好典故：话说成语故事**
作　　者：王封臣

责任编辑：陈晓钟　　　　　　编辑部电话：（010）51873038
责任校对：王　杰
责任印制：赵星辰

出版发行：中国铁道出版社有限公司 (100054，北京市西城区右安门西街 8 号)
印　　刷：北京铭成印刷有限公司
版　　次：2020 年 11 月第 1 版　2020 年 11 月第 1 次印刷
开　　本：787 mm×1 092 mm 1/32　印张：9.75　字数：148 千
书　　号：ISBN 978-7-113-27106-0
定　　价：52.00 元